恋愛・人間関係・健康・お金……
日本古来より伝わる人生の解決法

運を創る。

陰陽師入門

占導師 幸輝

Hobby JAPAN

はじめに

「幸せ」を引き寄せる陰陽師の教えとは

マイナスをプラスに変えて幸運体質に

現代に受け継がれる陰陽術

まず、陰陽道《おんみょうどう》についてお話ししましょうか。陰陽道といえば、あの有名な陰陽師・安倍晴明《あべのせいめい》を思い浮かべる方は多いのではないでしょうか。

安倍晴明は平安中期の一条天皇（在位986〜1011）に仕えた実在の陰陽師です。今も京都にある晴明神社は、一条天皇の命により安倍晴明の屋敷跡に設けられたものです。

そもそも陰陽師は7世紀後半、天武天皇が作った陰陽寮《おんみょうりょう》という、天体の観測から吉凶を占う役所の役職でした。国家や天皇に関わる事柄を占うのが陰陽師の仕事だったのです。

その後、明治になるまで陰陽師は天皇に仕え、天体を観測し、政《まつりごと》のための公的な暦《こよみ》を作る役割を担《にな》ってきました。

いっぽうで安倍晴明が活躍し始めたころから、陰陽師は国だけではなく、個人の吉凶も占うようになっていました。

鎌倉時代に入り、一条天皇の外戚《がいせき》として権勢を振るっていた藤原氏北家の流れをくむ一条家が確立します。一条家は摂政《せっしょう》や関白《かんぱく》の地位にも就くことができる、五摂家《ごせっけ》に数えられる名家でした。

ところが室町時代後期、京の都を二分する応仁《おうにん》の乱が勃発します。京は危険だと判断した陰陽師が、当時の当主・一条教房《いちじょうのりふさ》公に、四国は土佐の四万十川《しまんとがわ》流域にあった所領へ逃げるよう進言しました。それが現在の四万十市(旧中村市)です。今も街並みは京都と同じように道が碁盤の目のようになっていますし、鴨川や東山など京都に見立てた地名やゆかりの神社などもあちらこちらに残っています。そして一族の館は当時、中村御所といわれていました。以降、一族は土佐一条家として土地に根付き、陰陽師の技もまた引き継がれていきました。

他にも、やはり土佐の地に伝えられたとする民間陰陽師の流れを受け継ぐ「いざなぎ流」など、陰陽師の技は修験道《しゅげんどう》や、中世から近世にかけて成立した神道各派とも融合しつつ、現在まで連綿と受け継がれてきているのです。

「運が向いてきた」と感じるのはなぜ？

ところで何をやってもうまくいかない、自分は運が悪い人間だ。でも運命は変えられないのだから仕方ない、と思っている方も多いのではないでしょうか？　逆になんだかツイている、運が向いてきたみたい、と感じるときもあるでしょう。

「運」という言葉は、ラッキーやツイているとか、幸運・不運など自分にとってのプラスかマイナスかを表す表現として使われていますが、この「運」という字は、「運《はこ》ぶ」という字なのです。

体を動かす（運ぶ）と「運動」です。

クルマや自転車を動かす（運ぶ）と「運転」です。

我々の名誉は著しく傷つけられ
カッ
歴史の舞台から去らざるを得なかったのです
しかし……
今こそ　人々の中に眠る精神の力を呼び覚ますことで
物質主義に行き過ぎた世界のバランスを回復させるのです
では続くページでこれからの陰陽術と
その技を現代に生かす陰陽学について解説しましょう
ムッ

運がよいか悪いかを決めるのは自分自身

運氣の流れを知って未来を変えよう

科学万能時代の今こそ目に見えないものが大切になっています

陰陽道は長い歴史をもち、人々の生活の中で大切にされてきました。今でもお正月、節分といったいろいろな年中行事や暮らしの中に、陰陽道由来のものがたくさん残っています。

たとえば立春の日に行われる節分の豆まきですが、これは大晦日に行われていた宮廷行事「追儺《ついな》」が広まったものです。追儺は奈良時代の『続日本紀』にすでに登場しているほど古い儀礼で、中国の「鬼やらい」が伝わったものといわれています。

年の変わり目には陰陽のバランスが乱れ、悪い鬼が活躍して害をなすようにたら、それこそマイナスからのスタートですから、プラスになるためには大変な努力が必要になるでしょう。でも波の頂点、勢いのあるエネルギーが陽氣のときにスタートできれば、次に迎える波の頂点はより高くなっていきます。

鳥が木のどの部分から飛び始めるかを想像してみると、わかりやすいかもしれません。当然ですが、高いところから羽ばたけば、もっと高いところにまで楽に飛んでいけるというわけです。

つまりスタートをエネルギーが陽氣のときに始めれば、よりよい結果に繋がるのは当たり前のことなのです。

◎自分の運氣の波を知って好スタートを

陰陽道ではこのバイオリズムの波を12の季節で読み解きました。氣質によって冬の時期もあれば、夏の時期もある。このようにエネルギーの波を春夏秋冬それぞれに3つに区切り、計12のパターンにわけて読み解いたのです。この波のパターンはひとりひとり違っています。友だちと一緒に同じことを始めたとして、彼女のほうは順調に進んでいくのに、自分のほうはなかなかはかどらないなどという場合も、人それぞれ波のどの部分にいるのか違うわけですから、当たり前のことなのです。陽氣の波動の人と、陰氣の波動の人がじゃんけんしたとして、どちらが勝つか、もうわかりますよね。

また同じ陽氣の中でも金運のよいときもありますし、あるいは逆に絶対に動かないほうがよい時期もあるのです。

陰陽師が用いる命術に四維八干《しいはっかん》があります。複雑なのでここでは詳しくは説明しませんが、干支や方位などから年廻り・月廻り・日廻り・時廻りという周期で、人それぞれの吉凶のリズム、つまり陰陽の傾きを読み解いていきます。陰陽術の助けを借りて、陽氣がいつなのか、自分の運氣の波がどんなパターンなのかを知ることができれば、その波を上手に利用することができるようになるでしょう。そうすればあなた自身の未来を、あなた自身で思いどおりに創り上げていくことができるのです。

◎陽の時期、陰の時期の過ごし方で将来に大きな差が！

何度も申し上げていますが、陰陽道ではすべてに陰と陽のふたつの面がある、と考えます。ですからどんな人生でも陰の時期は必ず来ます。でも、その時期をどう過ごすかで、次に来る陽の波の高さが変わってきます。バイオリズムの波型を、全体として右肩上がりにすることができれば、先に行ったときに今よりずっと上の地点にたどり着くことができます。逆にもし右肩下がりなってしまうと、その行き着く先は、右肩上がりの場合とでは大きく変わってしまうのがご理解いただけるかと思います。

たとえば、明日は雨だと知らずに、何の準備もせずに出かけてしまったらずぶ濡れになってしまうでしょう。けれど明日は雨だと知っていれば、傘を持って出かけられます。そうすれば濡れないで済むどころか、濡れそうな友達を救うこともできるのです。

ですから、今がどんな時期なのかを知ることがとても大切なのです。たとえ今はツイていないとしても、それもまた幸運を大きくするためのチャンスと前向きにとらえてください。

ものの見方を変えれば、見える世界も変わります。行動を変えれば、運氣は必ず変わります。そして運氣を知り上手に操れば、未来も変わります。次章からは実際に運を引き寄せ、運氣を上げる方法を解説していきますが、ここでは今のあなたの運氣の状態を整えるための、簡単なチェックリストと診断結果を用意しました。それを参考に、次章からの実践方法でぜひ強運を引き寄せてください。

「あなたの運は下がっている？」チェックリスト

□最近、よくつまずきそうになったり、ケガしたりしやすい
□最近、よくない夢を見続ける
□信号や踏切などに引っかかることが多い
□愛用しているものを最近失くした
□大切な人とケンカをした
□家族に病人やケガ人が多い
□職場で立て続けにミスをした

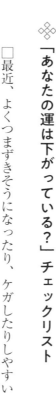

□「買わなければよかった」と後悔することが多くなった
□最近、食事をしてもおいしいと感じられなくなった
□最近、人と遊んでも楽しくなくなった
□最近、名前を間違えられたことがあった
□最近、よく道を間違えたり迷ったりする
□最近、パソコンやスマホのトラブルが多い

〈診断結果〉

0個　運氣は良好です

大丈夫。あなたの運氣は低迷していません。これからもその調子でがんばりましょう。運氣を持続させるためにも、挨拶は元気に！

1〜3個　ひと息いれて

若干疲れ気味で、運氣が弱くなっています。休息が必要です。半身浴をするなどし、睡眠もしっかりと取りましょう。

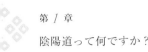

4個〜6個　運氣が下降中

運氣が弱っています。これからどんどん弱くなりそうです。森林浴などで自然に触れたり、好きなことに熱中したりしてデトックスしましょう。

7個〜9個　くれぐれもご用心

かなり運氣が弱っていますので、ケガや事故に気をつけましょう。しっかり体を動かして、質のよい睡眠を心がけてください。

10個〜12個　神様の力を借りましょう

魑魅魍魎《ちみもうりょう》の影響が出てきています。運氣はかなり弱っている状態。神社でお参りをし、お守りを身に着けてください。

13個　お祓いをして！

魑魅魍魎が取りついているかもしれません。きちんとしたお祓いが必要です。専門家に頼みましょう。

第2章

日常の中で毎日できる陰陽術

第２話
一撃必殺はない！
最近　調子悪いな……
ゴゴゴ
永遠の美しさを手に入れたい……
ドキッ
そう思わないか？
あふれ出るようなエナジーを感じたいと思わないか？
いや……でも……
その気持ちわかる！
わかるぞ！　女！

すべてを手に入れたいのだろう？
何かを犠牲にしたとしても……
いや…そんな……
いい加減にしなさい　道満
は〜〜
ぽん
幸福は欲しがるだけでは叶いません
健康も美も運も自ら作るもの
陰陽道はその助けとなるのです
でも……

私 働いてるし 忙しいし……
ぐにゃ
手間もお金もかけられないんです!!
そのとおり
ガシィッ
迷える子猫ちゃんは手間ヒマかけずにソッコーで解決したい!!
なぁ?
そう言われると引っかかりますけど…
美と健康を妨げ運気を下げる……
すべては氣の澱《よど》みです 澱みはあなたの生活に根差しています
根本的に自分を変えていかないと澱みやすい体質は変えられません

かったるい!!
パパッと美しい顔立ちに改造したいだけなのだ!!
改造とは言ってませんけど…
たとえ見た目を多少整えたところで
持っている運氣が変わらなければすぐに容貌は衰えまた同じことの繰り返しです!
はっ
おうちでできる小さなことから運氣をよくしましょう
陰陽道はあなたを導く手助けができます

家の中でできる陰陽術習慣

場所別に正しい作法で行いましょう

家という結界を守るために

この章では、家の中で簡単にできる陰陽術をご紹介します。玄関で、寝室で、鏡の前で……。それぞれの場所には、陰陽学的に重要な意味があり、異なったパワーをもっています。ですから、正しい場所で、正しい作法を使って行うことが最も大事なのです。もし、場所や作法を誤れば、開運どころか魑魅魍魎《ちみもうりょう》の類《たぐい》が湧いて出るかもしれませんよ。

ここではわかりやすく場所別に陰陽術をあげましたので、ぜひ習慣にしてください。朝起きてから、夜寝るまでの間、一日をとおして行えば、運氣が上がってくるでしょう。

◎玄関「外の世界と家の中とを隔てて『氣』を入れ替えましょう」

玄関は、家の中で一番大事な場所です。なぜなら、外の世界と家の中を隔てる場所だからです。外の世界には、さまざまなものたちがいます。魑魅魍魎といった、目に見えないものも、たくさん存在しているのです。そして、外の世界では、いろいろな「氣」がうずまいているのをごぞんじでしょうか。それらの「氣」は強く、そのまま家に入って来るのを避けるために、古来、日本家屋には門がありました。この門と玄関をずらすことで、外の強い「氣」が直接、家の中に入るのを防いでいたのです。

ただ、現代の日本で、門があり、玄関までの距離もあって……という家に住むのはなかなか難しいかもしれません。とくに、都市部では、マンションで暮らしている人が多いでしょう。そういう場合、玄関を遮る何かを置けばよいのです。最もおすすめなのは、観葉植物に代表される、木でしょう。木をドアの前に置き、外から見えにくくするのです。そうやって遮ることにより、外の「氣」の強さが和らぎ、優しい「氣」となるでしょう。

◎盛り塩で結界を張る

家のドアの内側に、盛り塩をするという方法もあります。家の中は結界《けっかい》ですから、外の強い「氣」を止めておく必要があるのです。日本酒を飲むときによく使われる、木製の升《ます》に塩を盛りましょう。一番よい置き場所は、**玄関の内側から見て右側**。というのも、エネルギーは必ず時計回り、つまり右回りだからです。さらに万全を期したいなら、両側に置きましょう。盛り塩にはどんどん外の「氣」が閉じ込められていきますから、できれば**二週間**おきに**交換**してく

ださい。古い塩は、二週間までのものなら、お風呂に入れればデトックスになります。一日参り、十五日参り、または新月の日と満月の日がちょうど二週間おきですので、この日を目安に新しい塩と交換するのがベスト。この塩を入れた湯船につかれば、体の調子がよいはずですよ。

◎玄関を出入りするときは元気よく挨拶を

玄関を出入りするときには、息を吸ってからドアを開け、一歩外に出たら息を大きく吐きましょう。陰陽術では、出入口と同じく呼吸も出して（呼）入れる（吸）のが正しいエネルギーの流れなのです。ですから、息を吸って吐くことによって、スイッチを切り替えるというわけです。

また、元気よく挨拶をするというのも大事なこと。玄関を出るとき、息を吸って、吐きながら「行ってきます！」。会社に着いたら、入り口でも元気よく「おはようございます！」と挨拶をしましょう。そのときポイントになるのが、明るく言うこと。高めのトーンと速めのテンポでハッキリと発音するのです。こうすると、自分の気持ちに勢いをつけ、仕事をするための原動力にもなります。

さらに、こうした明るく歯切れのよい挨拶をした相手には「おっ、この人はフットワークが軽そうだな。仕事も手際がよさそうだ」という印象を与えますから、自然と出世にも繋がるでしょう。

◎階段で運氣を上げましょう

階段は、家の中では玄関とセットで考えてください。もし、玄関を入って真ん中に階段があるなら、よい「氣」が一階に行かずに二階に上がっていくはずです。階段に観葉植物を置けば、「氣」が上の階と下の階を行ったり来たりするでしょう。観葉植物は、小さなサボテンなどが場所を取らず、おすすめです。二段おきに、階段の両側に植木鉢を置いてください。

なぜ、階段で開運できるのかについて、ここで説明しましょう。神社は、高いところにありますよね。そのため、階段を上っていく必要があります。この階段は、徳を積むためのもの。一段、一段、高い場所にある神社を目指しながら、徳を積む、という意味をもっているのです。同時に、一段上がることは一つ段差を取るということであり、神様との差を取る、つまり「差取り（悟り）」

にも通じます。ですから、階段を上がっているとき、「出世するぞ、出世するぞ」と言いながら上がると、運氣が上がっていくのです。

寝室「パワーを溜める場所。寝具の置き場所に工夫を」

まず、ベッドの場合ですが、必ず「足元が抜けている状態」にしておきましょう。「足元が抜けている」とはどういうことかというと、足元と壁との間に距離があるということ。ここがくっついていると、寝ているのに「立っている」のと同じ状態になるのです。そのため、寝ても疲れが取れないという事態に。ですから、できるだけベッドの足元と壁との間には距離を取りましょう。ベッドの横の部分は、壁にくっつけてもかまいません。

布団で寝ている場合には、部屋の中央に敷くこと。ただし、万年床にはならないようにしてください。毎日布団は上げ下げすることが大切です。

さて、睡眠をとる際、大事な要素のひとつが、枕との相性。どちらかというと、高さのある枕がよいでしょう。けれど、枕の合う、合わないは、現在では

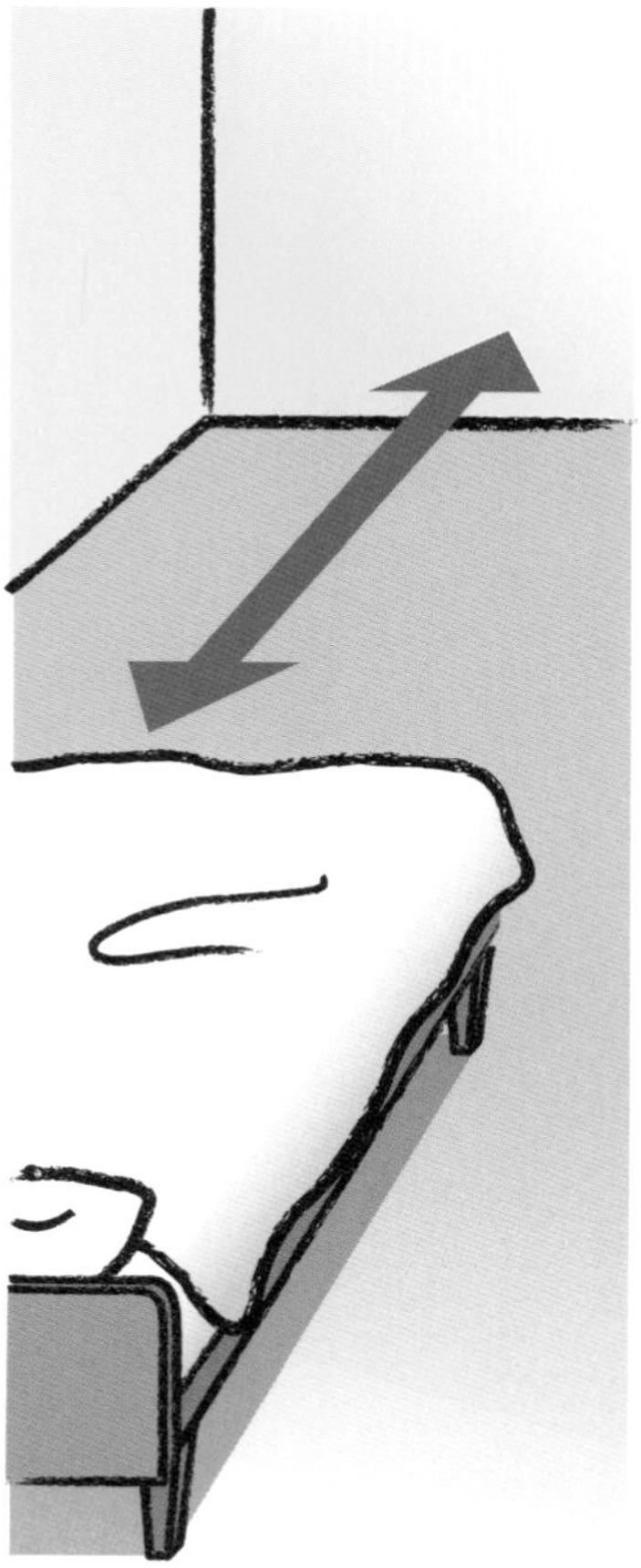

医学的に調べることができます。自分だけに合う枕があるはずですので、見つけてみてください。

これで、運氣の上がる眠りの準備は整いました。しかしながら、眠れないときというのはあるものです。そういうときには、寝る30分前に、緑茶を飲みましょう。緑茶は陰陽道において、精神をリラックスさせる飲み物なのです。

それでも眠れない場合には、「静」と「動」の呼吸法をやってみてください。

まず、「**静の呼吸**」から。息をスーッと吸います。雲の上まで行くようなイメージで。そしてハーッと吐きます。これを6回繰り返してください。5秒吐き、5秒吸う静の呼吸法を行っていると、視界が360度開けてきます。後ろ側まで「見える」ようになるほどですよ。

次に、「動の呼吸」。まず、息を吐くのですが、そのとき、ハァァァァ〜〜〜と粘着性の息を口から出します。頭の「百会《ひゃくえ》」をとおり、そこからダラダラ流れ落ちるような感覚です。そして、肛門と尿道の間にあるツボの一つ「陰会《いんえい》」から、今度は鼻から吸い上げる感覚で、息を吸います。まるでカーテンを巻き上げるように、お尻をとおって背中をとおって、後頭部をとおって、鼻の中に入っていく……そうリアルにイメージしましょう。そうして、最後に口から息を吐くのです。

このふたつの呼吸法は、動画サイトYouTubeにもアップしていますので、ご覧になるとわかりやすいでしょう。

占導師幸輝陰陽師に伝わる「静」の呼吸法

占導師幸輝陰陽師に伝わる「動」の呼吸法

「動」

「静」

また、起きたときは目覚めのよい朝を迎えたいもの。そうなるためには、寝る前に「気合」を入れるとよいのです。寝る前に、本気を出して「寝るぞ！」と気合を入れるのです。さらに、楽しいことを考えながら寝ましょう。すると、寝起きがよいはずです。ただ、明日の楽しい予定などについて考えていると、かえって眠れなくなります。あくまでも、「今日一日に起きた楽しいこと」を思い出すようにしましょう。

◎悪い夢を見てしまったら

さあ、眠ることはできました。けれど、悪い夢を見てしまって気になる……というケースはあるものです。そういう場合、このように考えてみてください。「夢でよかったね」と。夢で悪いことが起きて、予行演習になったと考えるのです。実際に起きたら大変だったけれど、夢でよかったじゃないか。そういったポジティブシンキング、つまり陰陽道でいう「陽の考え方」が、運を開いてくれるのです。

逆に、よい夢を見た場合は「正夢になるかも」と、素直に喜んでください。

枕元に、「夢見ノート」を置いて、朝、目が覚めたら忘れないうちに記録しておくのもよいですね。よい夢はもちろん、悪い夢でさえも、アイデアの宝庫。そして、悪い夢を見たときには、記録が予防のヒントになるなど役に立つはずです。

一番重要なのは、寝室という名の空間。パワーを溜めるための大切な場所です。いつもきれいに掃除をしておきましょう。

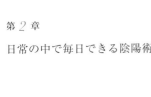

鏡「異世界とこの世界をつなぐもの」取り扱いには気をつけて

鏡は、私たちが生きている現実世界と、魑魅魍魎を含めた「この世ならぬもの」がうごめく異世界をつなぐ装置だと、古来より考えられてきました。そのため、人が最も無防備な状態である、寝ている姿を映した場合、魂が向こうの世界に引っ張られ、帰れなくなる恐れがあるのです。

最もやってはいけないのは、鏡と鏡が向かい合わせになっている状態にしておくこと。まるで奈落の底に誘い込むかのように、異世界が無限に映し出され

るからです。そのとき、異世界への扉が開いていると考えてよいでしょう。
鏡そのものだけでなく、たとえばパソコンの画面やテレビの画面など、「映す」ものはどれもＮＧです。寝ている姿が映らないように位置を変えるか、寝ている間は布などで画面を覆うことをおすすめします。

◎鏡を見て、笑顔を作ろう

いっぽう、起きているときには、鏡が開運の役に立ちます。鏡の前で、笑顔のトレーニングをしてみましょう。口角を上げ、笑顔を作るのです。初めのうちは、ぎこちない作り笑顔かもしれません。けれど、練習しているうちに、「見せたい自分」の笑顔になることができるでしょう。そして、鏡の前で「きれいになるぞ」「今日もがんばるぞ」と3回唱えてください。そうやって自己暗示をかけると、化粧のノリがよくなり、魅力が増したり、バリバリ仕事ができたりしますよ。

◎化粧は本来の魅力を引き出してくれるもの

また、鏡を使った行為として、まず思い浮かべるのが「化粧をする」ことで

はないでしょうか。化粧はするべきです。なぜなら、古代より、化粧は男女を問わず、重要な行為として行われてきたからです。たとえば、ある民族では、化粧というのは男性が戦いに出る前に施す「戦闘意欲を高めるための儀式」でした。また、魔除けとして化粧をすることもありました。つまり、化粧をすることで、勇気が出たり、積極的になれたり、安心できたりしたのです。

時は流れ、現代ではどうでしょうか。化粧は、「化ける」という字が用いられています。よりパワーアップした自分に変わりたいから化粧するのです。とはいえ、化粧によって引き出された魅力や美しさは、本来の自分が持っているもの。化粧で本当の自分になった、といえるでしょう。ですから、化粧はおろそかにできないのです。ぜひ、自分に合った化粧をしてください。やり方がよくわからないという場合には、パーソナルメイクアドバイザーなどに見てもらうとよいでしょう。

◎アクセサリーのパワーを活用しましょう

アクセサリーについても、同じことがいえます。やはり身に着けたほうがよいでしょう。大切な用事があるときは、キラキラしたものや大きいものが最適です。開運パワーを与えてくれます。目的別に色を選ぶと、運氣が上がり、願いが叶います。たとえば、ピンク色は恋愛の色なので、恋愛が成就しやすくなるでしょう。なぜかというと、「ピンク＝恋愛」という人々の思考が前提にあるからです。それゆえ、ピンク色のアクセサリーを着けていれば、好きな相手にその意思が伝わるというわけです。このように、世間一般で考えられているイメージが、その色にパワーを与えているのだといえるでしょう。

観葉植物は「エネルギー」や「氣」を吸い取る！　置く場所で明暗が

若い人たちの間で、インテリアとして人気の観葉植物。ただ、陰陽道においては、観葉植物に限らず、部屋の中に根っこのある植物を置くのはタブーとされています。なぜなら、側に置いておくと、人の「氣」を吸ってしまうからです。外に生えている木が太陽のエネルギーを吸うように、室内の木は、人の「氣」を吸います。寝室に置けば、寝ている間に人の「氣」を吸い取り、ぐったりさ

せてしまうでしょう。

昔の日本では、家の裏に山があり、竹藪になっているケースが多かったようです。竹藪はやがて根を張り、根を延ばし、家の中にまで侵入しました。そして、畳を突き破ることさえあったのです。その目的は、「人間の氣を吸うため」。それゆえ、根の生えている植物は、「凶」とされているのです。

いっぽう、現代の生活ではどうでしょうか。昔は存在しなかった、電磁波というもっと悪いエネルギーに満ちています。そして、根付きの植物を部屋の中に置くと、電化製品から発生する電磁波を人間の「氣」のエネルギーよりも先に吸い取りながら育つのです。

このように、側にあるもののエネルギーを吸い取る根付きの植物ですから、置く場所によって、運氣が下がったり上がったりするということを、忘れないでください。

浴室、トイレ、キッチン、ダイニング、リビング、窓辺、ベランダ……「家の中の場所別陰陽術」

◎浴室とトイレ

浴室（風呂場）は、いわば体の汚れを洗い流すための「不浄のもの」。そのため、昔は外に浴室がありました。陰陽道的にも、庭をはさんで外にあるべきものなのです。

トイレも、同じ理由で昔は屋外にありました。浴室はもちろんのこと、トイレはとくにきれいにしておいてください。よくトイレに趣味のものを置く人がいますが、それはＯＫです。また、将来の夢を紙に書き、トイレのドアの内側に貼っておけば、嫌でも目につきます。すると、夢が現実になりやすいのです。しかしながら、長居はいけません。トイレを済ませたとき水を流しますが、運氣も流れていってしまいますよ。

◎トイレのパイプは運を流す

とくに気をつけたいのが、トイレのパイプです。ここをむきだしにしておくのはよくありません。100均やホームセンター、インターネットのインテリアショップ等で売られている、安いイミテーションのツタなどで隠してしまいましょう。こうすることで、水と一緒に運が流れていってしまうのを防げます。

◎キッチンは愛情運を上げる場所。ダイニングでは命に感謝して食事を

キッチンは、愛情運を上げるための大切なところ。もともとはその家の奥さんが管理する場所でした。食器が欠けたら、お役目は終わりです。感謝の気持ちを込めて、処分しましょう。欠けた食器は、いわばケガをしている状態。ボロボロに疲れているのです。使われ続けた物には命が宿るので、「ありがとう」と言って捨てましょう。だから、「捨」という漢字は、宿舎の舎という字が使われ、もといた自然に戻る（家に帰る）という意味が込められているのです。

また、料理を作るときには、「食べてほしい人に作る」つもりで調理してください。そうすることで、恋愛運が上がりますよ。ダイニングでは、命に感謝しながら食事をいただくことが大切です。必ず「いただきます」という言葉を口に出してから食べてください。さまざまな命を、いただいていますので。

◎窓辺は「縁」を結ぶ場所

窓辺は、家の外と中が重なり合うところ。重なり合う部分を「縁」と言います。ですから、縁結びを願うなら、窓はきれいにしておいてほしいのです。窓を見たら、「縁」という言葉を思い出してください。

◎押し入れや収納は、「見えない世界を封印する」ところ

押し入れや収納ですが、たくさんあったほうがよいですよ。陰陽学では、見せたくないものを押し込めます。そうやって「見えない世界」を封印することで、目に見える世界を豊かにできるのです。

土や草の上で体内の澱《よど》みを流し出して

ベランダや庭といった、草や砂、土のあるところでおすすめしたいのが、裸《は》足《だし》になること。土に素足をつけて歩くと、足がアースの役目を果たし、体の中に澱んでいたものが抜けるでしょう。この「アーシング」を、月に一、二度行えば、澱みがスッキリ流れますよ。

場所を選ばずにできる陰陽術習慣

いつでもどこでも気づいたらやってみましょう

幸運の予兆に敏感になって

たとえば、好きな曲が外出先で聞こえてきたとき、美しい鳥の鳴き声が耳に入ったとき、よい香りが漂ってきたとき……。それらは、幸運の予兆と考えてください。また、特定の数字が何度も目に入るようになった場合も、幸運がやってこようとしています。ここで、数字の意味についてご紹介しましょう。

1は、物事の始まり、スタート。

2は、繋がり、つがい。

3は、支え。「三人寄れば文殊の知恵」と称されるように、三者が支え合います。

4は、安定。四角形は陰陽（前後左右）が安定しています。

5は、結び、数の真ん中に来るものであり、ご縁を意味します。

6は、自然。雪の結晶や蜂の巣、亀の甲羅など、自然の摂理。

7は、人間としての喜び。音階も七音、虹も七色、ラッキーセブン。㐂（よろこぶ）という字は、七がみっつ。

8は、無限。文字を横にすると、無限大のマーク。無限の広がりを示します。

9は、天空地（天地空）、神を表します。

そのほか、特別な数字として、

147は、人間の成長を意味し、「成長しなさい」というメッセージです。

258は、繋がりであり、人間と神とつなぐという意味。この数字を目にしたら、人との繋がりを大事にしなければなりません。

369は、みろく、つまり弥勒菩薩です。神様が下りてきていることを表します。

数字が目に入るのは、虫の知らせです。そして、人や出来事によって数字が

違うでしょう。日常の中で、車のナンバーなどの数字に注目してみてください。

なぜか胸がドキドキするとき

これを「たまたまだ」と考えれば、単なる偶然で終わってしまいます。けれど、「よいことの予兆」かどうかを見分けることができれば、幸運をつかまえられるでしょう。この判断を、身に着けるための訓練があります。それは、改札を通るとき、どれを通るか決める、というもの。人が多い地域では、ラッシュ時に人の波に押し流されて、なかなか思うようには動けないでしょう。そんな中、パッと決めるのは大変なこと。けれど、繰り返し行ううちに、パッと見たとき、幸運の改札を選べるようになるのです。

お店でランチのメニューを決めるときも、同じようにしてみてください。最初にパッと見たメニューを食べるようにするのです。そうすれば、正しい判断力が身につき、幸運の予兆に対して敏感になれるでしょう。即断即決、を心がけてください。**幸運の神様は前髪しかない**ので、つかめるタイミングでつかまえましょう。

交通トラブルも、危機回避の予兆

やたらと信号に引っかかったり、電車やバスなどが遅れる、止まるなどしたり、車で渋滞に巻き込まれたり……。そういう交通トラブルに遭ったときは、「今日は気をつけなさい」というメッセージだと考えましょう。今の自分のスピードでやろうとするから、交通トラブルに引っかかるのです。ですから、気持ちスピードアップを心がけてください。ちょっとツイていないな、と思ったら、**5分前、10分前の行動を。**本来、歩むべき道に戻れます。

陰陽術的買い物の作法

商品と目が合った瞬間、「これだ！」と感じることがあるはずです。けれど、一度目が合っただけで買わないこと。なぜなら、商品には作った人の念がこもっているからです。そもそも、買ってほしくて作るわけですから、自然と念がこもり、「買って！　買って！」と商品が念を飛ばすのです。そして、あなたがその商品を見たとき、「気づいてくれた！」と商品は思い、「買って！」と訴えかけるでしょう。この念は、波動ということもできます。そこであなたが買わずに帰ったら、商品は「あ、この人は買ってくれないのだ」と感じて、次からは念を飛ばさなくなるでしょう。お店は「買ってくれ」というエネルギーのたまり場。ですから、呼ばれるままに買っていると、ついつい買い過ぎに。欲しくなってもいったんは念を無視してください。買い過ぎを防ぐことができます。

◎カードと現金を使い分ける方法

カード利用は支払いが簡単で、時間の節約になります。お金は取り戻せますが、時間は取り戻せません。大事な時間を作るためには、カードや電子マネーを利用しましょう。

いっぽう、「感謝」の気持ちを伝えたいなら、やはり現金払いにするべきです。たとえば、給料や老舗旅館への宿泊費、神社へのお賽銭……それらは皆、電子マネーでは軽く感じられてしまいます。やはり、こういう場合は現金にして、感謝の気持ちを伝えたいものです。

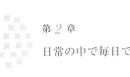

旅に出るときにはこうしよう

たとえたまたま旅行先の方角が悪かったとしても、「行かない」という選択肢はよくありません。こういうケースは、あなたに何かを「気づかせる」ために用意されたことなのです。「凶」という字は、器が×（バツ印）を受け止めている状態を表すもの。大きな×がくるときには、その分だけ器を大きくすればよいのです。旅行中のハプニング（凶）は、旅の醍醐味（成長）です。

冠婚葬祭でやっておくべきこと

お葬式が終わったら、塩をまきましょう。塩をまくのには、理由があります。霊は、甘いものを好むからです。天国の食べ物は甘いので、お盆菓子も甘くし、ご先祖様の霊を呼びます。逆に塩をまけば甘くないので、霊は離れるのです。

結婚式は、お祝いの場。式場に飾られたブーケをもらって、持って帰りましょう。幸運のおすそ分けをしてもらうのです。引き出物も、重かろうがかさばろうが、もらえることを喜んで。福を分けてもらえるのですから。そして、自分の氏神様を知り、いつも心に思うことが開運にも繋がるので、調べて大切にしましょう。

暦を使って運を開く陰陽術
重要な日に行うことで最大のパワーが

❖四立《しりゅう》と二至二分《にしにぶん》

春分・夏至・秋分・冬至は、太陽暦において、重要な日です。この四つの日をまとめて、二至二分と呼びます。春分は昼と夜の長さがほぼ同じで、夏至は昼が最も長く、秋分は再び昼と夜の長さがほぼ同じになり、冬至は夜が最も長い……皆さんも、よくごぞんじだと思います。

太陽暦を使ってきた国々、たとえばヨーロッパではこの二至二分に、お祭りや儀式を行ってきました。日本でも、太陽は神であり天皇であると考え、二至二分には神様に感謝してきたのです。

そして、陰陽で二至二分を表すと、春分（◎）は陰中陽《いんちゅうよう》、夏至（○）は陽中《ようちゅう》陽《よう》、秋分（☉）は陽中陰《ようちゅういん》、冬至（●）は陰中陰《いんちゅういん》となり、「点」で表しています。また、二至二分は方角も表していて、春分は東、夏至は南、秋分は西、冬至は北ということになります。ですから、春分の日には東に向かって手を合わせ、神様に感謝するとよいのです。

立春・立夏・立秋・立冬

陰陽道では、太陽よりも月を重視してきました。そのため、いつから春分や夏至、秋分、冬至に向かうのかという「節」が大事とされています。ですから、四立と呼ばれる、立春、立夏、立秋、立冬は「次の季節が始まる重要なとき」と考えます。なかでも、立春は一年の始まりですから、最も重視するのです。

図のように、陰陽師は一年を四区分し、陰と陽に分けて考えます。すなわち、立春から立夏までを陰中陽、立夏から立秋までを陽中陽、立秋から立冬までを陽中陰、立冬から立春までを陰中陰と、二至二分とは異なる「面」として考えるのです。そして、冬至から立春にかけては、より陰が極まるのです。

立春は、一年を一日に置き換えた場合、「丑三《うしみ》つ時《どき》」にあたります。この期間は「陰中の陰」、陰の極み。この時期に、雪が積もった地面を突き破って出てくるフキノトウのように、陰の中からポコンと顔を出す瞬間のパワーを取り入れるために行うのが「節分」なのです。つまり、一年のうちで、最も「陽」のパワーが大きいのが、じつはこの「ポコンと顔を出す瞬間」だといえるでしょう。

立春・立夏・立秋・立冬

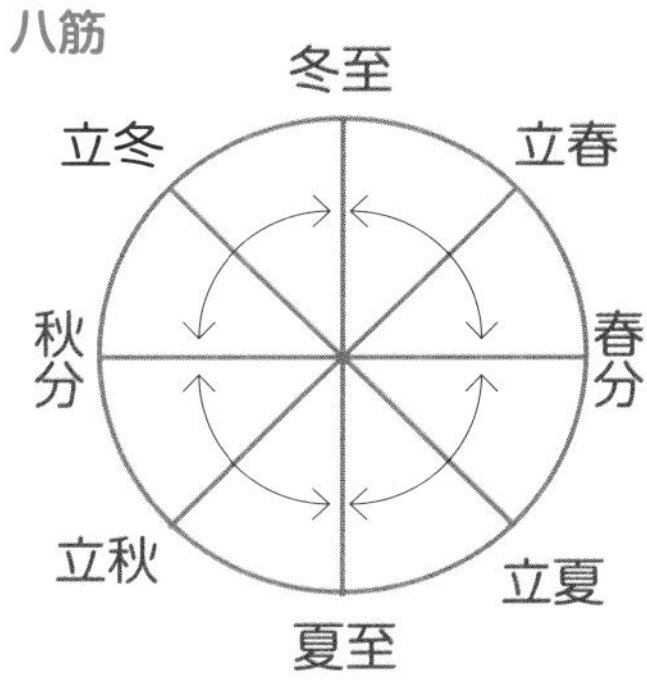

ですから、節分は非常に重要な儀式。年末の大掃除が目に見える世界の大掃除だとしたら、節分は目に見えない世界の大掃除。まず、家の中に豆をまき、鬼を庭に出して、今度は庭にいる鬼に豆をまいてさらに庭より外に出す……これが正しい節分の祓い方です。そうすることで、家の中の邪氣を大掃除し、きれいになった家に年神様《としがみさま》（歳徳神《さいとくじん》）を迎えると

いうわけです。

もうひとつ、立春から春分までの期間に、ぜひおすすめしたいことがあります。それは、財布を買うこと。なぜなら、「陽」の氣がどんどん増えていく時期なので、金運もパワーアップするからです。とくに、金運を上げてくれるのが、寅の月（3月）に買う財布。春（張る）財布といい、財布がパンパンに張るくらい、お金が入ってくるとされています。

いっぽう、他の節ではどうでしょうか。陰陽道でいう、四維八干《しいはっかん》の時期、神社で縁日があるはずです。すなわち、春夏秋冬を前半・後半に分けた八つの区分の日、そういう日に開かれている縁日には、極力行ったほうがよいです。最寄りの神社や気になる神社の縁日を調べ、ぜひ足を運んでください。土地の神様によって、縁日が決まっているはずです。

六節句に行う陰陽術

節句とは、奈良時代に中国から伝わった風習を、日本の風土や稲作文化に合わせることによってできた、季節の行事のこと。昔はたくさんの節句がありましたが、現代では五節句に代表される節句が残っています。1月を除き、節句は3月3日のように、月と日が同じ数。奇数月なのは、奇数が「陽」の数だからです。

◎人日《じんじつ》の節句：1月7日

本当なら、1月1日ということになりそうですが、この日は年神様を迎える特別な日なので別格。そのため、7日を「人のための日」としました。この日には邪氣を祓う「七草がゆ」を食べることが知られていますが、これを食べると春の七草の生命エネルギーを取り込み、正月気分の状態から、勤勉に働く人に戻れます。人日の節句とは、そういう節句なのです。

◎上巳《じょうし》の節句：3月3日

女の子をケガや穢《けが》れから守るための日。昔は「流し雛《びな》」という行事を行いました。これは、人の形に切った半紙に女の子の穢れを移し、川に流すというものので、大人も応用できます。ですから、雛壇を飾ることはもちろん、昔ながら

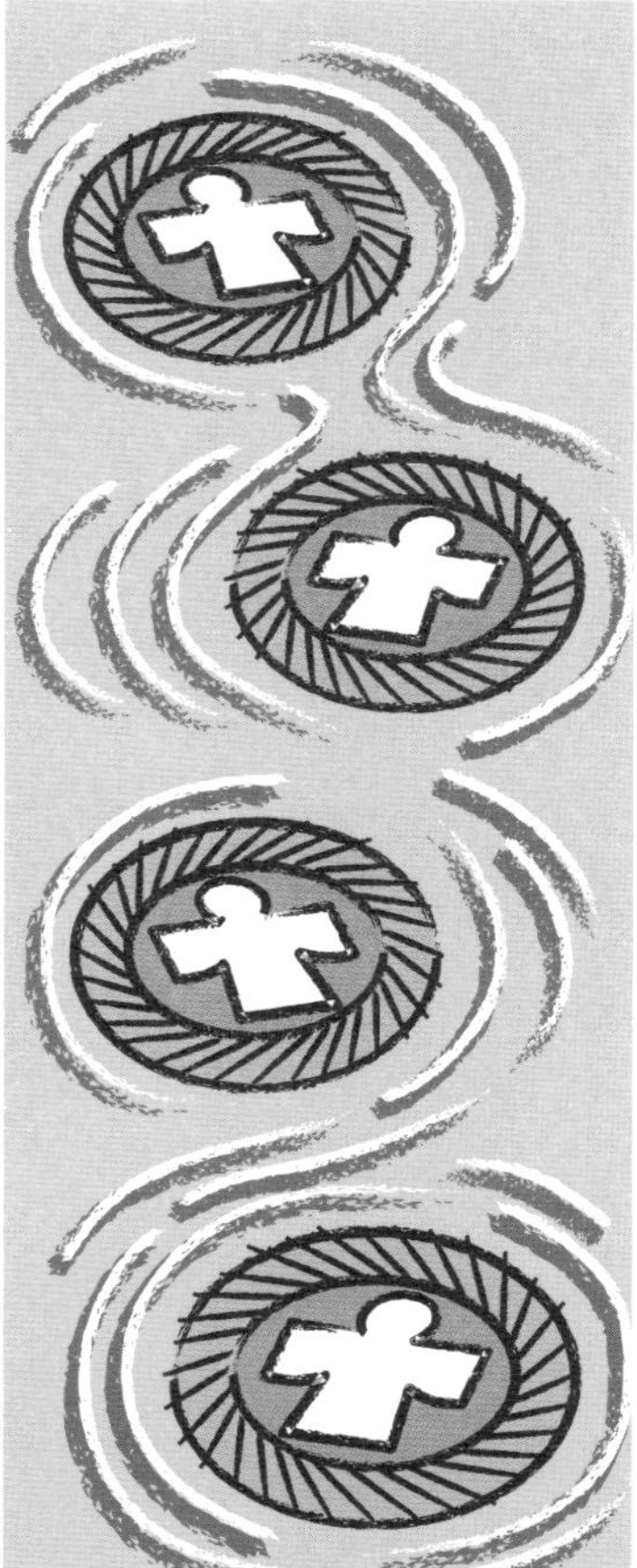

の形代《かたしろ》（人の形をした紙切れ）を近くの川に流すとよいでしょう。けれど、きれいな川の水に流せない場合、名前と生年月日を書いて白い封筒に入れ、神社の古いお札を返すところに置いてきましょう。

◎端午《たんご》の節句：5月5日

男の子の健やかな成長を願う日。日本では、兜《かぶと》を飾り、鯉のぼりを上げ、菖蒲湯につかる日として知られています。飾るのは「つ」がつく年齢まで、つまり「九つ」までがよいでしょう。なぜなら、10歳は社会に加わる年とされてい

たからです。また、菖蒲は「尚武」という武勇を重んじる意味の言葉に通じ、鯉のぼりの鯉は滝を上って龍になる魚ということから、男の子の将来の出世と繁栄を望んでいるのです。男の子がいる場合、勝負を賭けたいとき、攻めに出たいときには、この日に菖蒲を飾るとよいでしょう。

◎七夕《しちせき》の節句：7月7日

もともとは、働く少年少女のための日。七夕の物語に出てくる彦星《ひこぼし》と織姫《おりひめ》の「機織《はたお》り」の機具名から「タナバタ」と呼ぶようになりました。7という数字には、人間という意味があります。また、ラッキーセブンに象徴されるように、喜びという意味も持ちます。この日に決意表明をすれば、夢が叶うでしょう。夢や目標を設定し、願掛けするのです。神社に行って絵馬を買い、短冊のように目標や夢を書くのもよいですね。

◎重陽《ちょうよう》の節句：9月9日

陽の数最大の9が重なる日ということで、重陽の節句と言います。日本では、おじいさんやおばあさんが菊を楽しむ祭りになっているでしょう。年を重ね、今までやってきたことを振り返り、来年も徳を積もう、来年もがんばろう、と一年を感謝する日となります。陽の節目ともなり、目標途中だけどこれからもがんばろうという人は、神社仏閣にお参りするとよいでしょう。菊酒を飲むのも開運になります。

◎結寿《ゆうじゅ》の節句：11月22日

日本の伝統では重陽の節句が一年の締めくくりの節句ですが、六節句ではこの日となります。現代日本では、「いい夫婦の日」とも呼ばれています。出会いから結婚までの縁を結んでくれたり、家庭内の負のエネルギーを祓ってくれたりする日です。相手がいる人は、神社やお寺でお祝いをしましょう。まったくのおひとり様は、縁結びの神様を祀った神社にお参りするとよいですよ。

◎一粒万倍日《いちりゅうまんばいび》

ひとつの種が万倍になる、という意味合いの日。宝くじを買うと、何億倍にもなる日、と言われている日です。毎年変わりますので、干支《えと》カレンダーなどで調べてみてください。どこかに記録しておくとよいですね。

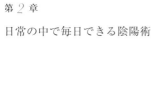

◎天赦日《てんしゃび》

すべての神が万物の罪を許し、あらゆる障害がなくなる日と言われており、最大の吉日です。よってその日の性質を「さらに大きくする」のに最高の日といえるでしょう。一粒万倍日でさえ、何倍にもなります。ですから、吉だと思うことをすればよいでしょう。グチを言ってはいけません。ネガティブな行動は禁物。逆に、買い物をするにはおすすめの日です。買うというのは陽の行為。そのため、買い物をするのに最適なのです。日々、がんばっている自分にご褒美をしましょう。

◎六曜（大安、仏滅、友引）

明治時代に有名になったのが、この占いです。明治政府によって日本古来の占いが禁止された後、容認された占いが六曜でした。その六曜がカレンダーに書かれ、現代も売られているのはごぞんじのとおりです。

たとえば、「大安」や「仏滅」といったお日柄は気になりますよね。そして、結婚式は大安に、お葬式は仏滅を選んで行うことが多いでしょう。これらの日には、根拠があるのでしょうか。答えは「イエス」。なぜなら、「大安の日は吉日」「仏滅の日は不吉な日」という世間一般の人々の意識が、すでに出来上がっているからです。この意識は、念と言い換えることもできるでしょう。

たまたま大安の日に結婚した夫婦が円満なら、「やっぱり大安に結婚したから幸せなのだ」と思うはず。逆に、仏滅の日に結婚した夫婦が離婚寸前になった場合、「仏滅に結婚したからいけないのだ」と考えるでしょう。こうした人々の強い意識が集まり、固まると、念となって吉凶のバイオリズムを作り出してしまうのです。つまり、大安がよいとか仏滅が悪いというバイオリズムは、人々によって後からできたものだといえるでしょう。さらに、大安によいことがあった人と、仏滅に悪いことがあった人のエネルギーがそれぞれどんどん集まれば、ますます強い集合体に。人の心理に及ぼす影響も、それだけ強くなるのです。

そういう意味では、大安の日にはポジティブなことをすればいいし、仏滅の日にはおとなしく過ごしたほうがよいのです。

神社のお参りの作法

まず覚えておいていただきたいのが、神社の鳥居は神様宅の玄関なので、しっかりお辞儀して、鳥居の真ん中を通らないように、ということ。真ん中は神様の通り道なので、空けておかなければならないのです。では、どちら側に避ければよいのか。それは、お手水《ちょうず》に近いほうです。そうすれば、他の人とぶつからないし、合理的でもあります。

次に、お手水で口をすすぎますが、これは呼気が最も汚れているため。その呼気を清める器、つまり左手を、最初に洗いましょう。それから柄杓《ひしゃく》を持っていた右手を洗い、きれいにします。最後に左手に注ぎ、溜めた水で口をすすぎますが、水は絶対に吐くこと。飲んでしまったら、汚れたものが体の中に入ってしまいます。

さて、以上の作法ですが、じつは滝行の簡易版。本当は、神様に会うためには、滝行で身を清める必要があるのです。けれど、誰もが神社に来やすいように、このような作法が生まれたのでしょう。そういう理由から、お手水の作法は、決して間違ってはいけないのです。

それから、濡れた手をハンカチなどで拭いてはいけません。ハンカチは、外のもの。つまり、穢《けが》れているからです。自然に乾燥させましょう。冬でも、濡れたまま乾くのを待つのが正しいのです。しかし、お手水場にもともとあるタオルなどなら、使ってもよいでしょう。なぜなら、結界によって穢れていませんので。

さて、いよいよ参拝です。神社によってはカランカランと鳴らす、大きな鈴のようなものがあるでしょう。あれを鳴らすのは、巫女《みこ》の舞の簡易版。だから、必ず鳴らすようにしてください。そうしないと、神様が呼ばれず、現れてくれないでしょう。

今度は、お賽銭《さいせん》について。大きな鈴を鳴らす前に入れるのか鳴らした後で入れるのかですが、これは、どちらでもよいです。要は、巫女の舞に対しての、お礼の寸志の先払いか後払いかだと思ってください。お賽銭を入れるときは、巫女が舞っている様子をイメージすることが大切です。

ところで、お賽銭は「投げる」ものでしょうか。いいえ、違います。お賽銭は「置く」ものです。落とすのもダメ、置くのです。置いたとき、自然にカラカラと落ちていくのが正しいでしょう。神様に投げつけたり落としたりしたものを渡すのは、失礼だからです。

柏手《かしわで》を打つときは、右手を1センチほど下にずらしてから打つのがルールです。なぜなら、左手は「火足り手《ひだりて》」、右手は「水極手《みぎて》」といわれるからです。

そうやって火と水を「合わせる」現象、つまり陰と陽を合わせる現象が柏手なのです。

　さらに、火は「カ」と読み、「水」は「ミ」とも発音します。そのため、両手を合わせると、「カミ（神）」になるわけです。柏手を打つ前には、燃えている左手と、清らかな水の右手をイメージし、勢いよく合わせましょう。その結果、燃やして祓うことになるのです。

　では何を祓うのか。それは、「我」です。我があるから、欲望に飲まれる。我を祓うために、一連の作法があるのです。自分の我欲のある魂を前に出し、まず火で燃やし、水に流すことをイメージしながら柏手を打つと、音がハッキリと変わることに気づくでしょう。そのときのあなたは、無の状態になっているはず。神様と対話する準備が、整ったのです。

二礼二拍は、陰の神様、陽の神様の両方にするためのもの。必ず、両方の神様に失礼のないよう、お辞儀をし、柏手を打ちましょう。

ちなみに、火と水の中に「我」があるので、「カガミ」となります。本殿の中の真正面に鏡があるのは、「火我水《かがみ》」を表しているからなのです。

また、神社だけでなく、古いホテルに入った際、嫌な氣がしたときなど、正しい作法で柏手を打ってみてください。空気が変わり、嫌なモノがいなくなりますよ。

第3章

心を癒し、悩みを解消する陰陽術

第３話
行動あるのみ！
はあっ
今夜の食事会
あの人も来てたんだ
……
なんとか
お近づきに
なりたいけど……
あっ
ふむ……
この左端の男か！
私が力に
なってやろう

この人形を使うといい
いや怪しすぎるんですけど……
あ…あの…
ホレホレ
これを使えばどんな男でもお前の思うがままだ
使い方を教えてやろう
まずお前と人形の手をつないでだな…
グリ
ぐり
ひ〜
あなたは相手を操りたいのですか？
それとも愛し愛されたいのですか？

恋愛に限らず人間関係というものは
楽しく無理なく長続きさせることが重要です
そんな悠長なことを言っていたらいつまでも恋人ができないぞ!!
まずは人との付き合い方を改善するのです
スッ
そして……
あなたの魅力が上がったとき
自然と恋愛運も好転するのです

これはお守りです
生かすも殺すもあなた次第です
お守りは願いを叶える確率を上げるだけ
要するに……
きゅっ
だとしたら私のやることは決まっているわ!!
ムキーッ!
置いてけぼりー!!

幸せな人生と辛い人生は紙一重

「一」の考え方について

たったひとつの気づきで変わる人生

「辛」という字と、「幸」という字を、見くらべてみてください。「辛い」に「一」を足すと、「幸せ」に変わりますよね。

陰陽の世界では、この「一」があるかないかで、辛い人生か、幸せな人生かが、変わってきます。ひとつのことを知らないと、人は辛い気持ちになります。でも、たったひとつのことを知ることによって、「そうか、こう考えればいいんだ！」と気づきを得て、幸せになることができます。

何かに行きづまり、「止」まっている状態のとき、たったひとつの教えによって、「正」しい一歩を歩み始めることができるかもしれません。考えがまとまらず「理」もれてしまったとき、たったひとつの知識によって、悩みは「理」解に変わることがあります。このように、幸せな人生と、辛い人生は、たったひとつの違いだけ。紙一重なんです。

このことを、陰陽の専門用語で「艮《うしとら》」・「良」と表します。鬼門を表す「艮」の字の上に「点」をひとつ足せば「良」に変わります。

辛・止・埋という状態が「艮」。

幸・正・理という状態が「良」。

せっかく生まれてきたのですから、暗く辛い「艮」の人生よりも、明るく幸せな「良い」人生を歩みたいですよね。

本書をひとつのきっかけにして、ひとつの学問・ひとつの知識・ひとつの考え方をどんどん身につけていってください。

3章では、仕事・お金・人間関係・恋愛・結婚などの悩みについて、おまじないとともに、陰陽の考え方をお伝えします。

この章の教えがあなたにとっての大切な「一」となりますように。

仕事をがんばりたいときの心得

魔法の言葉「ハイワカリマシタ」

❖今の仕事に前向きな場合

◎会社に捧げる祝詞《のりと》「ハイワカリマシタ」

社会に出たばかりの新人の方や、出世したい人に有効な、おまじないのような魔法の祝詞が陰陽術にはあります。それは「ハイワカリマシタ」という言葉です。社長や店長の私事《わたくしごと》に仕えることを「仕事」といい、社の長である「社長」のイメージを具現化するところが「会社」です。会社を社《やしろ》に見立てた場合、下の階層である平社員が唱える「ハイワカリマシタ」という言葉は、上に捧げる「祝詞」のようなものです。

意味を深く吟味せず、3年間、ひたすら祝詞を唱えましょう。なぜ3年かというと、仏教などでは「千日修行」といって1000日間、つまり約3年間は修行期間と考えるためです。

あなたが上司だったら、「はい、わかりました」と素直に従う部下と、「私には無理です」や「でも」「だって」という「Dの言葉」が口癖の部下。どちらに昇格のチャンスを与えたいと思うでしょうか?

◎Nの言葉とSの言葉

あなたがその会社で出世したいと望むなら、「Nの言葉」と「Sの言葉」も有効です。Nの言葉は、「なるほど!」「なっとく!」という認証の言葉です。Sの言葉は、「すごい!」「すてき!」「すばらしい!」という賞賛の言葉です。

Nは北、Sは南ですから、「子午線の言葉」とも呼ばれます。子午線は地球の南北を結ぶ経線で、経の字は「お経」に通じます。ということは、Nの言葉とSの言葉は上の階層に捧げる「お経」のようなものです。

上に従う練習と割り切って、「ハイワカリマシタ」の祝詞に加えて、このNとSのお経も一緒に唱えると、上司に好意的な印象を抱いてもらえるでしょう。

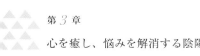

◎ライスワークとライクワーク

たった一文字の違いで、まったく異なる仕事スタイルを表す言葉があります。「ライスワーク（rice work）」と、「ライクワーク（like work）」です。

ライスワークとは、日々の食事のため、プロとして仕事をまっとうするスタイルの働き方です。時間を区切り、8時間は会社に仕えます。残りの16時間のうち8時間は食べることや遊ぶこと、8時間は睡眠や休憩に使いますから、時間の区切りを意識した働き方が大切です。残業が発生するのは、まだプロになり切れていない証拠でしょう。

いっぽう、ライクワークとは、仕事もプライベートも全ての時間をごちゃまぜにした24時間スタイルの働き方をいいます。自分の人生をかけていますから、「仕事」というより「私事・志事」といえるでしょう。

ライスワークには、主に社長・部長・係長・平社員という4つの階層があり、試験にとおると上の階層に上がることができます。経という試験、つまりは「経験」を積み、経験が済んだときに「経済」が生まれます。

現在、会社の上層部の人たちは昭和生まれであることが多く、会社に貢献し、がむしゃらに働いてきた世代の人々でもあります。

会社は、その会社に貢献してくれる働き者を昇格させていくシステムですから、今の会社で出世を目指したければ、昭和生まれの人たちに認められるよう、がむしゃらに働く気持ちを大切にしましょう。出世とは文字どおり「世に出る」ことです。社内で出世を目指したいなら平社員のままではいけません。

企業の歯車として働きたいか、外れて独立したいか。

ライスワークを目指すのか、ライクワークを目指すのか。

あなたはどのような働き方を望むのでしょうか？

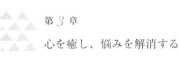

転職を続ければ「天職」にめぐり合う

その会社で魔法の祝詞や、お経を唱え続けて、3年後に出世していたら、あなたをしっかり評価してくれる会社ということでしょう。

そうでなければ、見る目のない上司を雇っている会社ということですから、あなたから見切りをつけてもいいかもしれません。ただし、3年間、十二分に努力したかどうか、自分に問いかけてくださいね。十分にがんばるのは当たり前、人は十二分にがんばってこそ、初めて成長するものです。100パーセントの力か120パーセントの力かです。20パーセント分必ず成長しています。

昔は、ひとつの会社で出世して死ぬまで働こうと、終身雇用を意識した社会人が多かったかもしれません。

でも、昔にくらべて寿命が延びた今、そのような意識にとらわれず、思い切ってあなたから会社を離れていく選択肢もあるでしょう。もしも、その会社がブラック企業なら、あなた自身が擦り切れてしまう前に一刻も早く転職するべきです。陰陽の考え方では、転職〜転職〜転職をくり返していくことで、やがては「天職」にめぐり合うことができるのです。

すぐに転職が難しければ、今の仕事を続けながら、アルバイト感覚で別のサイドビジネスを模索する方法もありますよ。

仕事運アップのおまじない「出世運を上げる階段ステップ」

出世を目指す人へ贈るおまじないです。出世運を上げたいなら、急ぎでないかぎり、できるだけ階段を上りましょう。一段一段、出世をイメージしながら階段を上ってください。たとえば、会社で「あの子、いつも階段を使うよね」と噂が広がれば、あなたの名前を覚えてもらいやすくなるかもしれません。

とくに、若手や今から新人として働く方は、5階くらいまでは階段を使うことを意識してみてください。エレベーターを使うのは出世してからです。

お金との付き合い方

才を伸ばして財を得る

才能を伸ばすことが「財」に繋がる

「財」という字は、貝＋才で構成されています。昔は貝殻がお金だったため、貝はお金を表します。お金に「才」が加われば「財」になる、つまりは才能をがんばって伸ばしていけば、いつかはその成果としてお金が入ってきて、お金持ちになれるということです。

サイドビジネスを始める場合は、なんでもいいので好きなことを始めてみましょう。「好きこそものの上手なれ」という言葉があるように、あなたの好きなものについての才能を伸ばすことが、財に繋がります。

いっぽう、清らかな水も止まり続けると濁ってしまうように、人の念がこもったお金も使わずに溜め込んでいると、やがて邪氣が溜まってしまいます。お金を濁らせないためには、適切に使い、循環させることが大事です。

たとえば、投資や株でお金自身に働いてもらう方法も有効ですね。FXなどはまずは小銭から始めて、マネーゲームの感覚で練習してみましょう。コツをつかんだら、元金だけとりのぞき、稼いだお金をふたたび投資にあてていきます。

株とは本来、育てたり、応援したりする気持ちから始まったシステムです。応援の気持ちがあってこそですから、株を始める場合は自分が心から応援したいと思える株を購入し、長く育てるという意識が大切でしょう。ダイコンより太らせるから、カブ（株）なのです。

ただし、株には必ず損得があることを忘れないでください。

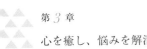

無駄遣いをやめられない……

お金は循環させることが大切ですが、湯水のごとく使うのは、ただの浪費です。「浪費グセがある」「ギャンブル好き」な人は、節約ではなく収入をプラスにする方法を考えましょう。ただギャンブルで損をしても、愚痴はNG。宝くじに外れても怒る人がいないのと同じように、貰えないことが当たり前といった気持ちで挑みましょう。

浪費グセをやめたいと思うなら、「今日、買いに行くのは控える」ことを行ってください。そして「今日は買いに行くのを許す」こととバランスよく使い分ければ、お金との付き合い方が上手になります。

1年が12カ月、時計が12時間で一周するように、人の運氣は「12」をサイクルに動く傾向があります。12（時間・日・月）のうち1（時間・日・月）だけは浪費を自分に許すなど、メリハリのある使い方が、陰陽術的なお金と両思いになるコツですよ。

金運アップのおまじない「銀と金の小鈴」

夏越《なご》しの祓《はらえ》か、年末の祓のあと、丑の日の夕方に行う、半年に一度の金運アップのおまじないです。「銀（＝金の艮《うしとら》）」を「金」へと変えるのです。

銀と金の小鈴を2つ用意します。金の小鈴のほうは、17〜19時の夕方、西陽の当たる場所に置いておきます。銀の小鈴のほうは、日が暮れてから0時までに財布の中にしまいます。

丑三つ時《うしみどき》（午前2時〜2時半）に「金のうしとらさん、金のうしとらさん、本来の姿に戻ってくださいね」と唱え、財布を揺らして銀の小鈴を鳴らします。

その後、銀の小鈴を取り出して金の小鈴と入れ替えましょう。

今度は財布を揺らして金の小鈴を鳴らしながら、「金のうしとらさん、金の

うしとらさん、金のお姿に戻りましたね。これから末永くよろしくお願いいたします」と御礼を述べ、そのままの状態で置いておきましょう。取り出した銀の小鈴は白い封筒か用紙に包み、引き出しにしまってください。

翌朝、財布の中の金の小鈴を取り出し、鬼門（東北側）の方角の、目線より上の位置に置きましょう。

人間関係に役立つ陰陽術

他人は、自分自身の鏡である

❖ 他人から見た自分を意識しましょう

◎「人によく思われたい」気持ちは正しい

「生きづらさ」という言葉をよく耳にしますが、人間関係にもどかしさを感じられている方がたくさんいるように思います。陰陽の考え方を知り、実生活の中で生かせば、あらゆる人間関係が穏やかで安らげるものになるでしょう。

まず、お伝えしたいことは「人によく思われたい」というあなたの気持ちは、正しいということです。自分がいい人であることで、自然といい人が集まってきて良縁が得られるからです。逆に、自分がいい人でなくなると、悪い人が集まるようになり、悪縁が引き寄せられてしまいます。

では「いい人」とはどのような人を指すのでしょうか。

いい人には「良い人」と「善い人」というふたつの考え方があります。

「良い人」は、自分や相手にとって都合のいい人のこと。

「善い人」は、世の中にとっていい人のこと。善人を指します。

つまり、始めは「人によく思われたい」からでいいので、最後は人の目線は気にせず、世のために自分が何ができるかを考え、「善い人」になってくださいね。

◎「如きが来る」のは自分のため

善い人を目指すといっても、あなたはあなたのままでかまいません。

「鏡の法則」といって、目の前で起きている事象は全て、自分自身の心の中を映し出す鏡なのです。これを人間関係に当てはめ、他人という鏡をとおして自分自身へのメッセージとして受け止めます。

たとえば、誰かのひと言で怒りが湧いたら「自分はこの人如きで、カチンとくる人間なんだな」と思いましょう。「何度も同じことを言わせないで」と思うなら、「自分はこの人如きに理解させられないんだな」と思うのです。「如来《にょらい》」とは「如《ごと》きが来る」と書きます。あなた自身の器の大きさを気づかせるため、神様が「この人如きを、あなたの目の前に来させている」と考えてみてください。そうすると、世の中の全てが修行に思えてきませんか？

イメージしてみましょう。小さなおちょこ同士をぶつけると、カチンと音がしますね。強くぶつければ傷つけ合うこともあるでしょう。しかし、大きなお椀なら、おちょことぶつけても材質が異なるのでカチンという音はしなくなり、お椀の中におちょこを入れてしまえば、中でコロコロと回すこともできます。これが「器の大きい人になる」ということです。他人は自分の鏡である。このことに気づくと、やがて「この人如き」は現れなくなります。

◎叱られたときこそ上を向いて

誰かに叱られたとき、非難されたときこそ上を向きましょう。「上」という字は、上向きの矢印（↑）を表します。

上を向くと、上の階層の人とどんどん出会いますから、自分自身の階層も上がっていきます。ダメ出しとは、攻撃のエネルギーが自分に向いているイメージがありますが、字を見ればわかるように「ダメ」を出してくれているのです。だからダメな部分が自分から出ていく、つまり矢印は自分から外に出ているのです。また注意は、ヘコむイメージがありますが、実際は注射と同じで膨らむのです。つまり「注入される意味」が「注意」なので、氣（意味）がついたために膨らみを大きくできるのです。

いっぽう、「下」という字は下向きの矢印（↓）を表します。下り坂で勢いがついてしまうと、どん底まで一気に転がり落ちてしまいます。自分が下を向きそうなときこそ、半ば強制的に上を向き、口角を上げましょう。相殺し合って、転がることを止められます。

人間関係には4つの階層があります

人間関係は、下から順に「他人（知らない人）」「知人（知っている人）」「友人」「親友（親と同じような友人）」と4つの階層があります。人間関係の区分けを意識しておくことが、トラブルを回避するコツです。

ここでは、対人関係のお悩み別に陰陽の考え方を紹介いたします。

◎苦手な人とストレスなく付き合いたい場合

人間関係の中には、どうしても苦手なタイプの人と付き合っていかなければならない場面があります。そういう人とうまく付き合うには、どうすればいいでしょうか。

まず、人間関係にストレスはあるものだと理解してください。

「ストレスはいけない」「嫌いと思っちゃいけない」と考えること自体が、余計にストレスになってしまうのです。まずは「ストレスはあるものなんだな」「自分は、あの人が嫌いなんだな」と、諦めてみましょう。

諦めるとは、道理を悟ることです。まずは自分の中で、「諦める」という意図を確定させることからエネルギーの融合が始まり、縁が結ばれていくのです。そして、人間関係で溜まったストレスは、デトックスして洗い流してしまいましょう（デトックスの方法については152ページ参照）。

ただし、自分にとって苦手な人や悪い人は、じつはいい人である場合もあります。相手が悪く見えるのは、自分にとって「都合が悪い」だけなのかもしれません。偏った見方になっていないか、「他人は自分の鏡である」という視点も忘れないでくださいね。

◎人脈を広げたい場合

人脈を広げることについて、陰陽では2種類のタイプがいるとお伝えしています。８割のタイプは、知らない人と会ってどんどん知見を広げていき、成功していく人。２割のタイプは、アトリエのような狭い場所にこもり、人間関係を遮断して少数精鋭でやり取りすることで成功していく人です。

陰陽の太極図は、陰の中に陽、陽の中に陰があることを表し、８：２のエネルギーで混じり合っています。どちらかが正解かという二者択一の考え方ではなく、どちらのタイプも正しいと考えます。

自分がどちらのタイプかわからない場合、まずはどんどん外に出て、出会うことを楽しんでみましょう。初対面の人と話すことに苦手意識があるなら、パワーストーンなど、自分に自信をつけたり勇気を出したりするためのアイテムを身に着けるのもおすすめです。「勝負の日はこのシャツを着る」など、幸運のジンクスを自分で作り、活用するのもいいですね。

◎会話が長続きしない場合

知り合いはできたけれど、なかなか会話が続かない……とお悩みの方は、質問力を鍛えましょう。会話はキャッチボールです。

会話という字が「会っての話」と書くように、会話の引き出しは、相手の言葉の中にあります。自分の話ばかりするのではなく、まずは相手の話をよく聞いてください。相手の受け答えの中から、次の話題になりそうなネタを見つけて質問し、**相手から話を引き出す練習**をしていきましょう。

会話上手は、聞き上手でもあり、聞き出し上手でもあるのです。

ただし、それでも会話が長続きしなければ、その人とは波長が違うということなので、会話を無理に続けなくてもいいかもしれません。話すときに緊張してしまう相手の場合、あなた自身がまだ相手のレベルに追いついていない可能性もあります。

◎**断れない場合**

断れる人になることは重要です。なぜなら、断ることで初めて物事を選択できるようになるからです。

人に言われるまま断れないのは、経験不足のためでしょう。経験を積むことで少しずつ断り方を学んでいけますから、身近な勧誘などから断る練習をしていきましょう。

知人や友人からの誘いを断るかどうか迷った場合、「将来的に自分の身につくかどうか」で判断します。興味がなくても、その視点から見て挑戦しがいがありそうなら誘いに乗ってみましょう。あなたの周囲を取り巻く人たちが変わり、世界が広がるかもしれません。「ちょっと敷居が高いな」と思っても飛び込んでみましょう。

「大変」とは、自分を大きく変えると書きます。

大変だからこそ、自分を変えることができるのです。

◎友人を増やしたい場合

友人を増やしたいなら、ＳＮＳを活用するのがもっとも有効でしょう。

方法は簡単です。「いいね」をつけて、必ず「コメント」を書きましょう。

『古事記』の世界では、イザナギがイザナミに声をかけることで神様が生まれました。つまり、声をかけなければ、始まりはありませんでした。

今の時代、友人作りのきっかけは「SNSにコメントを書き込む」というスタートに変わったと考えてみましょう。自分のSNSに反応してくれたら、相手はあなたに興味をもってくれます。

異性の友だちや外国人など、今まで接点のないタイプの人や、違う価値観の持ち主と出会うことが容易な時代になりましたね。

◎親友を作りたい場合

小中高の友人や前の職場の知人のうち、まだ付き合いの残っている人がどれだけいるでしょうか。じつは、「縁」というものは切れやすく、そのグループに属している間は縁があっても、時期がきたら離れていくようにできています。

いっぽう、「絆」は切れないくさりです。「親友」とは文字どおり、親のような絆が結ばれた友人のことです。所属するグループが変わっても縁の切れない友だちとは、親友と呼んでも過言ではありません。

家族の人間関係にまつわる陰陽術

◎夫婦とはもともと「合わない」もの

人間関係の中でもっとも身近なものは、家族です。夫婦、配偶者、子どもと、どのように付き合っていけばいいでしょうか。

陰陽の考え方では、夫婦とは最初から「合わない」という視点からスタートします。自分とは真逆の相手を選ぶ傾向があるからです。合わないとは、具体的には「長所・短所のとらえ方が異なる」ということです。自分は長所と思っていることが、相手には短所ととらえられるのです。逆に自分が短所と感じるところが相手にとっての長所となりますから、話が噛み合わないのも当然ですね。夫婦関係とは、お互いの意見をぶつけ合い、妥協し合う、修行のようなものかもしれません。凸と凹がぶつかり合い、最終的にお互いのでっぱりがなくなることでマルくなり、夫婦は円満になっていきます。

◎いい夫婦関係を保つ方法

陰陽の考えでは、男性は陽、女性は陰にあたります。男と女はそれぞれ異なる役目をもっており、夫婦関係なら、男女が各々の役目を果たすことで調和を保てると考えます。

「男は大黒柱、女は敷石」という言葉があります。大石と木がぶつかったとき、木は石に負けて簡単に折れてしまうように、元来、男性よりも女性のほうが強いエネルギーをもつことを表しています。肉体的には力強いイメージの男性ですが、精神的には女性のほうが早熟で強く、男性は女性の二倍は凹みやすいといわれています。

精神的にたくましい女性は、臨機応変で賢く俯瞰して見る能力に長け、肉体的にたくましい男性は、目の前の獲物に集中する能力に長けているのです。

この男女の違いを大前提とすると、男性は大黒柱として仕事をがんばってもらい、女性は敷石として下から支えてあげることで、バランスのいい夫婦関係を保てると考えます。男に「俺が家族を守っている」と勘違いさせたままのほうが、大黒柱の安定度が違うのです。

最近はイクメンによって家族のあり方が変わりつつありますが、イクメンを長年続ければ、同僚と差がつき出世コースからは外れてしまうでしょう。

太古の昔、男は目の前の狩りに集中してがんばるうちに、グループの中で真（マ）の男＝勇者となっていき、力量に合わせて分け前を増やしていきました。このように、元来、男は仕事に専念したほうが稼ぎも増え、結果的には家族を潤すことができるのです。

働くという字は「人が動く」と書きます。今は共働きの夫婦も多いかもしれませんが、女性であるあなたが外で仕事をしていても、専業主婦だとしても、妻としての役目は変わりません。妻が下からもち上げて、夫に「動く人」になってもらうよう、上手に育てていきましょう。

◎いい親子関係を保つ方法

陰陽の考え方では、いい親子関係を保つためにも「父親は怖くあれ」という教えがあります。

子どもは9つまでは母親が育て、10歳からは社会が育てるといわれています。13～17歳の5年間は、子どもであり大人でもある第二次性徴期で、やっと父親の存在が最も必要な時期となります。

幼虫から蛹《さなぎ》を経て蝶に変わるように、第二次性徴期の子どもは蛹の状態と同じです。体は大人へと向かいつつあるのに、心の中は蛹の中身のようにぐじゅぐじゅの状態なのです。この時期、母親に対して突然、乱暴になるのは、野生動物が親離れするための行為と同じです。

ここで初めて、子どもに父親が必要になってきます。母親や学校が手に負えなくても、怖い父親なら子どものエネルギーを抑えることができるでしょう。たとえ架空でも、子どもには「怖い父親像」を見せておくことが大切です。まだ子どもが小さければ「お父さんに言うからね」という叱り方が有効です。日頃から子どもに対して「私の大好きなお父さんのようになってね」と言い聞かせましょう。母親は、息子には父親をとおして自分の描く理想の大人像を見せ、娘には夫を立てる理想の妻の姿を見せ続けるのです。

子どものためにも、母親は優秀な女子＝女優としてあり続けてください。

◎親子関係に確執がある場合

親子関係に確執が生じてしまうのは、理由があります。

陰陽では「30年の波」といって、30年という時代をひとつのくくりとして歴史や考え方が変わると考えます。たとえば、初代で財を築くと、二代目は逆に行きたがる傾向があります。すると三代目は父親に反発して祖父を慕うようになり、四代目は父親に反発して祖父のようにがんばる……というふうに、振り子の運動をくり返す傾向があるのです。

一般的に、親と子には約30年の違いがあります。世代的には30年の波のうち最大の差となるため、対立が起きやすくなります。親子で確執が生まれるのも仕方がありません。若いころは家を出てください。もし親の面倒を見ることが負担なら、介護施設に入れて専門家に任せたり、墓守がいなければ永代供養にするという手もあります。

女性が結婚するときには○○家から□□家へ嫁ぎますが、白無垢は死に衣装を表します。覚悟をもって別の家に嫁ぐわけですから、嫁げば実家の両親に無理に合わせようとしなくてもよいのです。

インターネットの世界と陰陽術

◎インターネットは人々の精神が集う場所

インターネットの世界というのは、陰陽の視点では「天（神の世界＝天国）」と「地（人の世界＝地国、つまり地球）」の間に位置する、「雲（クラウド）」

の世界です。

雲の世界には、人々の「精神」が集います。天と地のはざま、中庸《ちゅうよう》の場であり、人の精神が天に上がるための修行の場ととらえてもいいでしょう。

ネットは今や生活に欠かせないものであり、やり方を覚えないことには仕事もままなりません。世界を動かすＩＴビッグ５はネットの世界です。時代が上へ上へと上がっているのですから、私たちもそちらに合わせていく必要があります。次世代の子どものためにも、パソコンを覚えるようにしましょう。

雲の世界で自信をつけるには、匿名性の高いアイコンではなく、自分の顔写真をプロフィールに載せましょう。できれば自撮りよりも、プロに撮ってもらうことをおすすめします。匿名では責任がともなわず他人を批判しやすくなるだけでなく、雲の世界はあくまで仮の世界であり、結局は地の世界で生きていることになります。

また、雲の字を分解すると「雨が云う」なので雲には「伝える」という意味が含まれています。みんながお手本にしたいと思うような、誰かが真似したくなるような写真やブログをあげるように意識しましょう。加工写真は避けたほうがいいです。自己満足よりも「相手満足」の心意気を大切にすると、自然とシェアが増え、「いいね」が増えたり、仕事に結びついたりして、精神力を求められている雲の世界で生きられるようになるでしょう。

◎SNSでの出会いについて

ＳＮＳで素敵な投稿を見つけたとき、最初はそれを真似することからスタートしましょう。「学び」は「真似び」に通じます。たとえば、あなたが猫好きなら、猫に関する投稿を探してフォローして、投稿写真を真似て学ぶのです。そうするうちに、あなた自身の投稿が、誰かから真似されるようになるでしょう。誰かに真似されてこそ、インターネットは生きていける世界なのです。

◎SNSでの人付き合いについて

知らない人からコメントをもらったときは、素直に喜びましょう。距離感が一気に縮まる場所ですから、まずは、出会いを喜んでください。

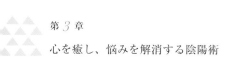

ただし、インターネットは精神の領域ですから、心がキレイな人と汚い人が8：2くらいの割合で住んでいると考えます。匿名で誹謗中傷を浴びたときは、「クレームも憎しみも愛情のひとつ」と受け止め、「妬みがなければ、まだまだだ」と自分に言い聞かせましょう。

少々シビアな考え方ですが、「この批判は有名税だ」ととらえて負のエネルギーをプラスに変えられる人こそ、インターネットの世界では生き残ることができます。それが難しい人は全てをシャットアウトして、地の国から再スタートしましょう。インターネットの世界で生き残るには、それほどの覚悟が必要なのです。

また、インターネット上で、誰かにしつこくつきまとわれた場合、まずは証拠となる画面写真を撮影し、直接メッセージで警告を送り、相手をブロックしてください。それでもつきまとわれたら、警察に相談しましょう。

魅力という字には「鬼」があるように、しつこく迫ってくる人は鬼にやられてしまった人、あなたの魅力に取り憑かれてしまった人です。自分の身は自分で守らなければなりません。現在、インターネットの世界は過渡期にあります。陰陽では、1年は冬（陰）から始まり、その後、春（陽）に切り替わっていくと考えます。ネットの世界も、今はまだ誹謗中傷の蔓延する陰の世界ですが、やがて陽の世界へと転じていくでしょう。

人間関係運アップのおまじない「縁切りの爪擦り」

どうしても縁を切りたい人と別れるためのおまじないをご紹介します。

両手の各指の爪を強く擦り、6回弾きます。親指なら親、人差し指なら兄弟や子ども、中指なら友だちや仲間、薬指なら伴侶、小指なら恋人との縁が切れます。

ただし、このおまじないは非常に強力です。

「人を呪わば穴ふたつ」というように、術を使って縁を切ることは、自分自身にも相応の痛みをともなうでしょう。この術を使うのは最終手段としてほしいですが、命にかかわるほどの辛い状況になったときは、ためらわず実行してください。

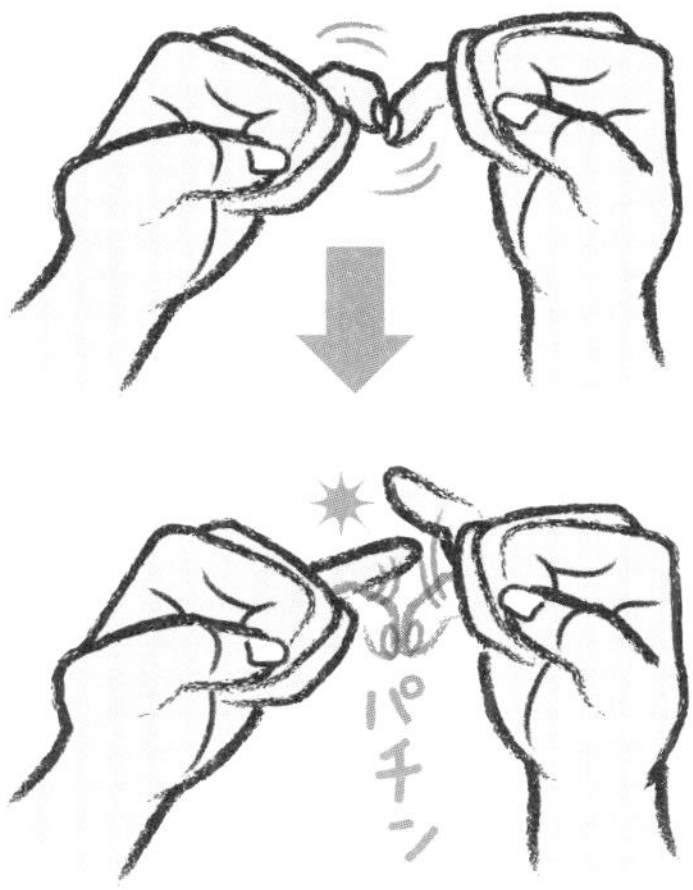

「縁紡ぎ」から始まる恋愛と結婚

褒めて、育てて、縁紡ぎ

「縁結び」よりも「縁紡ぎ」を大切に

縁結びという言葉がありますが、前述のとおり「縁」というものは切れやすく、ゆえに、縁結びも切れやすいです。しかし、一期一会《いちごいちえ》、二期二会、三期三会、四期四会と重ねていき、五期五会でようやく「ご縁」となり、これを「縁紡ぎ」といいます。縁が結ばれたあと、織物のように縦糸と横糸を紡いでいくと縁が太くなっていき、引っ張っても切れなくなるでしょう。

どのように縁を紡いでいくかというと、ポイントは会話力です。会話力にはさまざまな要素が必要ですが、導入はやはり聞き出す力、すなわち「質問力」でしょう。男性は女性の、女性は男性の意見をしっかり聞いて、相手のことをもっと知るために質問してあげましょう。そうすると会話のキャッチボールが生まれ、相手もあなたに質問をしてくれるようになり、あなたに対する印象がよくなって縁が強くなります。

また、どんな相手でも「褒めて育てる」という考え方があります。

ささいなことでも相手をとことん褒めましょう。褒めるという行為が、昨日の自分（相手）よりも今日の自分（相手）が成長しているという意識に繋がり、縁を紡いでいくのです。

出会いのきっかけは「出て、会う」

出会いは「出て、会う」と書くように、外に出ていくことで初めて「出会い」があります。待っていても出会いはありませんから、あなたからどんどん外に出向いて動きましょう。

出会いのきっかけは、ＳＮＳを使う、オフ会に参加する、趣味の集まりに参加する、出会い系サイトなど、方法はいろいろあります。

マッチングアプリの活用も有効ですが、そういう場で出会った人との恋愛は、「結ばれやすく切れやすい」ということを最初から覚えておきましょう。出会い系サイトは本能だけの世界ですから、そういう人たちが集まるものだと思って付き合います。縁の長続きする相手と出会いたいなら、サークルやオフ会に参加するなど、同じ趣味をもつ者が集う場所がいいでしょう。

結婚したい人は、結婚相談所を利用しない手はありません。藁をも掴む思いで泳ぐうちに、泳ぎ方を自然と身につけていくものです。

また、恋愛神社に出かけて「素敵な女性になるので、素敵な人に出会いますように」とお願いする方法も有効です。

私が作っている最高のパートナーにめぐり会う「良縁符」も、ぜひ活用してみてください。

愛情の質は男女で異なるもの

じつは、愛情というものは、男性と女性で質が異なります。

男女の関係性は、友だち～恋愛～愛情～結婚～家族と変わっていきますが、結婚するときは「縁」で選んだ相手と結婚しましょう。好きという感情で結婚すると、いずれ好きでなくなったときに別れてしまいます。

女性の場合、子どもが生まれたら「好き」の対象は子どもに移ります。女性は気持ちを切り替え、好きな人が次々に上書きされていく傾向があります。

いっぽう、男性の場合、ひとつの愛情が長く続きます。新しい趣味に目覚めても古い趣味を大事にする傾向があります。大事なものの類似品を手元に集めたがる傾向がありますが、結局は最初に集めたものが最も大切なので、なくすと大変後悔することになり、他の類似品が全ていらなくなるのです。「後追いをする」という表現があるように、妻が早めに亡くなったとたん、男性は衰弱していくといわれています。

このように、女性はナンバーワンをオンリーワンへと切り替えていくことができますが、男性はずっとオンリーワン＝ナンバーワンであり続けます。

こうした男女の差を理解したうえで、お付き合いしていきましょう。

運命の人と出会うために

運命の運は、運動の運。つまり、「運は動いて、初めて出会うもの」です。運命の人に会えないのは、自分が動いていないから「運がない」のです。

まずは自分から動いてみましょう。そして知り合った人を褒めたり、のせたり、育てたりすることで、その人が運命の人に「なる」のです。

婚活パーティーなどの出会いの場は、どんどん活用していきましょう。恋愛をラブゲームと考えて、相手が気づくかどうかを楽しんでみてください。

「好きな人には、スキを見せる」のです。

デートに誘わせたいという雰囲気を、あなたから出してみましょう。

たとえば、「○○が好きなんだけど、どこかにおいしいお店がないかな」というスキのサインをあなたから出します。このとき、「いいところを知っているから、今度行こうよ」と誘ってくれる人と縁が繋がります。あなたのスキにまったく気づかない人は、縁がないということです。

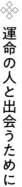

『古事記』の世界では、女性から男性に話しかけるのは不吉とされていますから、女性は男性に大事なことを言わせる練習をしておきましょう。

男性からデートに誘わせる→告白させる→プロポーズさせるというプロセスを成功させるためにも、女性は自分からは誘わず、それとなく会話を誘導して「誘わせる」ようスキを磨いてみてくださいね。

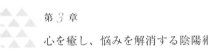

素敵な縁を得るために

最初から100点の男性を探すと、あとからよくない部分が見つかると引き算が生まれてしまい、結局、あれもこれも嫌になってしまいます。

しかし、最初から「男性は半人前（50点）だ」と思っておけば、たまにいいことをしてもらえると、「いい人だな」と思えてくるので不思議です。

普段、気の利かない人がたまに優しくしてくれたら「さりげない優しさがいいよね」などのように、褒めまくりましょう。期待値はプラスに上昇するエネルギーとなりますから、気をよくした相手は、だんだん本当に優しくなっていきます。この「褒めて、育てる」という考え方が、すてきな縁を紡ぎます。

男性は、母親が半人前に育てて、残りの半分を恋人の女性（あるいは妻）が育てるのです。日頃から、あらゆる人を褒める練習をしておくと、どんどん褒め上手になっていくでしょう。褒め上手というスキルを身につければ、男性はあなたを手放したくなくなります。

ただし、陰陽の考えである8：2の法則から、8割は褒めて、2割は叱りましょう。いつも優しく褒めてくれる人だからこそ、叱られると相手は反省します。これは子育てにも通じることで、恋人を上手に育てることは、ひいては、いい母親になるための練習ともいえるかもしれません。

「推し」との上手な付き合い方

アイドルや声優、キャラクターなど、手の届かない「推《お》し」を本気で好きになってしまったとき、どう気持ちを切り替えればいいでしょうか。

その場合、「惚《ほ》れる」と「憧れ」の違いを理解しましょう。

惚れるとは、頭がぼんやりとして鈍った状態の「惚《ほう》ける」に通じます。手の届かない存在だからこそのアイドルです。ファンとは信者ですから、あなたにとっての神様である推しの存在は、常に「憧れ」の対象にしておかなければいけません。推しへのあふれる愛情は、推しを輝かせる活力としてください。輝きとは「光の軍団」と書きます。あなたが中心となってファンを広めたり、ファンクラブのリーダーになったりして、推しを取り巻く光の軍団をどんどん作って応援していきましょう。

縁紡ぎのおまじない①「縁紡ぎの握り手」

恋人との恋愛運をアップさせるおまじないです。

相手と自分の指を絡ませて握る「カップルつなぎ」は、すぐに解けてしまいますが、カップルつなぎをしたとき、上の親指を相手の小指側にまわすだけで簡単に離れないようになります。これが「縁紡ぎの握り手」です。

カップルつなぎから縁紡ぎの握り手に変えると、指の圧のかかり方が変わり、多少の違和感が残ります。

この違和感こそ「相手の存在が横にいることの証」ですから、普段以上に、相手を意識するようになるでしょう。

縁紡ぎのおまじない②「五円玉のおまじない」

恋愛運をアップさせるおまじないです。

18センチの赤い糸と白い糸を2本ずつ、五円玉1枚用意します。

赤い糸2本と白い糸2本をふたつに折り、輪になった部分にそれぞれの4つの足を入れて真ん中で紅白の糸を結びます。

最後に、赤い糸のどれか1本に五円玉を結びつけて完成です。

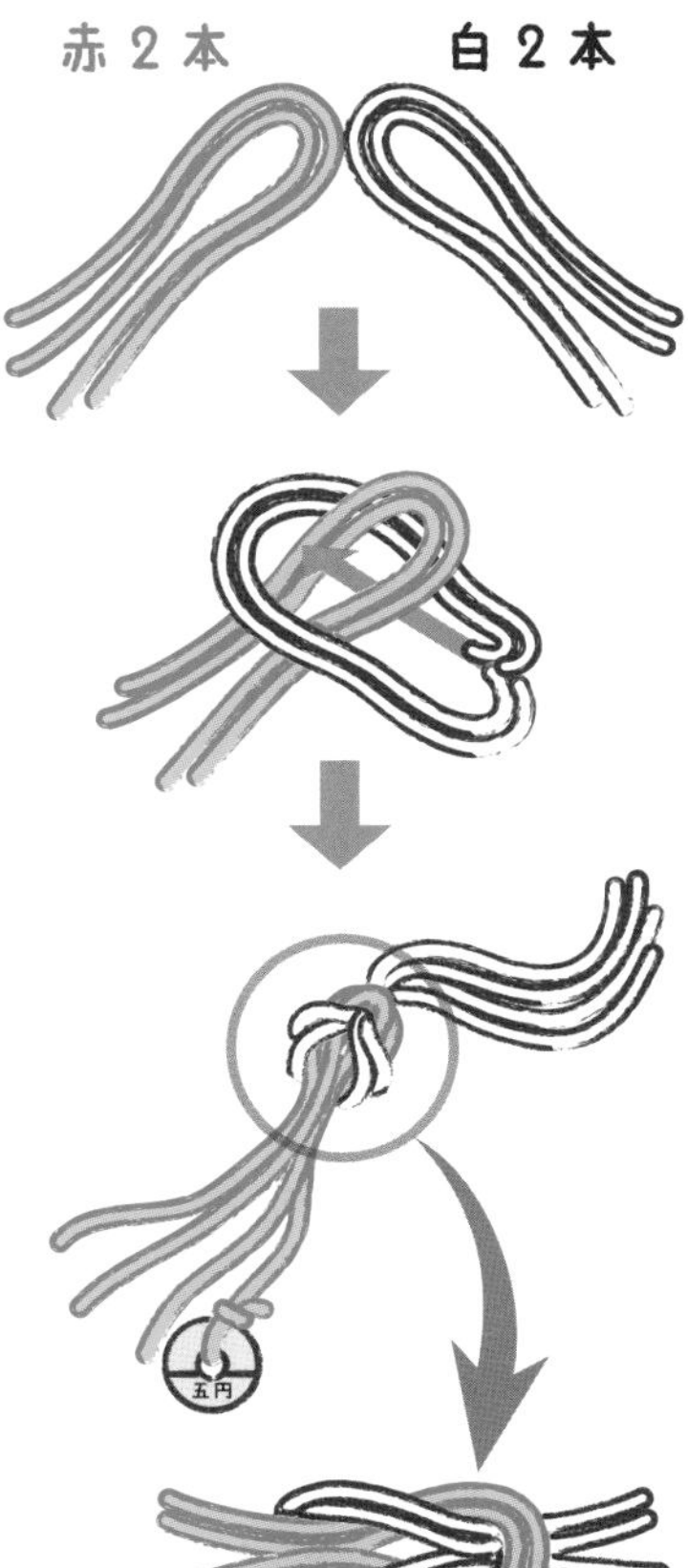

これをカバンなどに入れて持ち歩きましょう。好きな人がいるなら、その人の写真や名前を書いた紙に包んで持ち歩くのもおすすめです。

ちなみに、赤色＝運命の赤い糸を表しますので、黄色い糸にすると、ビジネスの縁結びになります。

水入らずのおまじない「木のしゃもじ」

夫婦揃って米寿まで健康でいられる願掛けであり、夫婦円満でいられるための「水入らずの儀式」です。

木のしゃもじをひとつと、油性マジックを用意します。しゃもじの取手の部分を上側とし、そこに苗字を書き、お米をすくう平べったい部分の左側に夫の名前、右側に妻の名前を書きます。

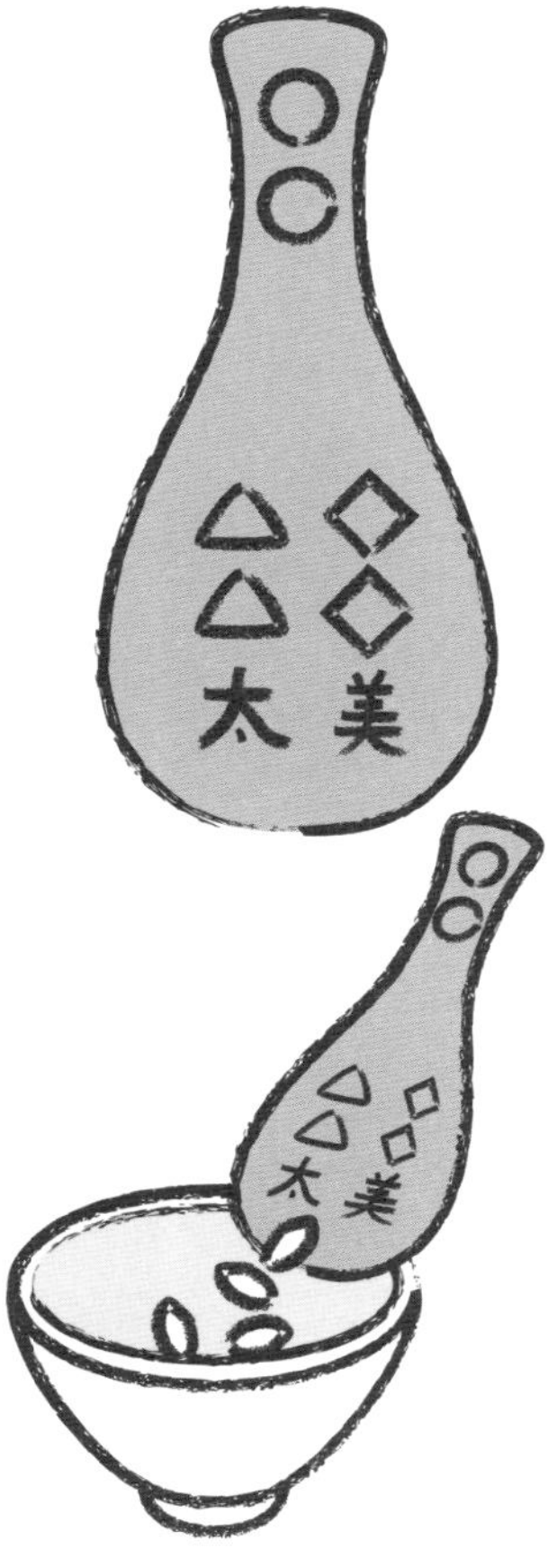

マジックが乾いたら、妻が生米を数粒そのしゃもじですくい、夫の茶碗に入れます。その後、自分の茶碗にも生米を数粒入れます。ふたりで手を合わせて「いただきます」と言い、1~2粒程度、生米を口に含みます。

夫婦喧嘩のあと、仲直りの儀式として生米を口に含むと、「ごめんなさい」というサインにもなります。

漠然とした不安を解消する陰陽術

天然の塩は万能の邪氣祓いアイテム

不運を解消させる陰陽術

◎運を下げる人と付き合うとき

仕事などのしがらみから、運氣を下げる人と縁切りできないときは、どう付き合っていけばいいでしょうか。

「お前には無理だ、やめておけ」と言ってくる人がいたとします。それは言い換えれば、「自分ならできる」「あなたと私とは違うんだ」と言っているようなものです。こう考えてはいかがでしょうか。「運氣を下げようとする人がいるからこそ、自分は上に上がることができるんだ」と。高くジャンプするためには、ぐっと体を縮めて一度体勢を下げる必要がありますね。運氣を下げる人も同じです。

陰陽では、「やめたほうがいい」と言ってくれる人がいるというのはありがたいことと考えます。大丈夫です。そんな人と付き合っていても、あなたの運氣が下がることはありませんよ。あなたが次のステージに上がるためにその人は存在していると考えて、気にせずジャンプアップしましょう。

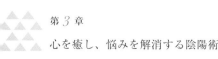

◎不運続きを解消したいとき

不運が続くのは、「ヨド（澱）」や「フワ（不和）」といった黒い靄《もや》があなたの周囲に立ち込めているからかもしれません。ヨドやフワは、人間関係の中で自然に発生して溜まっていくものです。

これらを断ち切るには、塩が最も効果的でしょう。古来、日本では塩には邪氣を祓う力があると考えられてきました。相撲で土俵入りするときに塩を撒く理由も、邪氣を祓い清めてケガをしないようにと、神様にお祈りしているのです。たとえば、塩を舌の上にひとつまみ載せて、水で飲み込むだけで気持ちがすーっと落ち着きます。体の内側から熱くなるのを感じるでしょう。デトックスしたいなら、お風呂に塩を入れて半身浴がおすすめです。

ただし、邪氣祓いに効果のある塩は、食塩ではなく、岩塩や天日干しの自然塩など、天然の塩を使ってください。

気持ちをリセットさせる陰陽術

◎見たくないものを見たとき

なんだか最近気持ちが冴えない、健康運が落ちている気がする……そんなときは、目に見えないものたちのしわざかもしれません。目に見えないものたちは、必ず存在しています。その中には、死後の世界に行けないまま、その場に留まっている霊たちがいます。もし、あなたが見たくない存在を見てしまったときには、目を合わせないようにしましょう。

野生動物、犬やネコなどには「見る力」が備わっていますが、ほとんどの人間は、退化によってそういう存在が見えなくなりました。しかし、ごく稀に見える人がいます。そういう人が、じっと見つめてしまうと、目に見えない相手の存在を認めることになります。すると相手は「気づいてもらえた！」という喜びからその人に憑こうとして、金縛りや悪夢などが引き起こされてしまうのです。目を合わせなければ、「この人も気づいてくれないな」と思って諦めて去っていくでしょう。きもだめしなどで「行ってはいけない場所」には、くれぐれも興味本位で近づかないことです。もし、見えないものに憑かれてしまったら、塩で祓うか、神社で神主さんか、お祓いの専門家に祓ってもらいましょう。

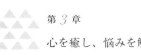

じつは「気のせい」とは「木の精」、つまり自然の精霊たちが何かをしているために起こることを指します。自然の魑魅魍魎たちはそこここにいて、私たち人間は住まわせてもらっている、という意識を忘れないでください。

◎調子がいいとき

運がよくても悪くても、デトックスタイムを設けましょう。

たとえば、「新月と満月の日には、塩風呂に入る」などのように、2週間に1回は、自分のデトックスタイムを決めておくことをおすすめします。お祓いをすることで神様との縁が繋がりやすくなり、いい運氣をキープできるでしょう。

迷いを断ち切る陰陽術

◎願いを叶えたいとき

迷いを断ち切りたい、運命を変えたいと願うなら、神社に願掛けに行きましょう。願掛け、つまり神様に願いを掛けに行くわけですが、他でもない神様に対して願いを掛ける決断をするわけですから、生半可《なまはんか》な気持ちではいけません。

決定と決断の違いを、ごぞんじでしょうか。「決定」は、「決めて定める」こと。決定した目標に対して、過去の自分を連れていきながら、徐々に上へと上がっていきます。

「決断」は、「決めて断つ」こと。過去の自分をきっぱり切り捨て、いいわけをせず、「新しい自分で行く」と心に決めて上を目指すことです。

また、誓いという字には「折」という字が入っていますね。これは、過去の自分をボキッと折って、断つことを意味します。すなわち、願掛けをして誓いを立てるとは、「古い自分は切り捨て、新しい自分で行きます」と神様の前で宣言することなのです。これを、覚えたての悟りが始まっている＝「覚悟」と呼びます。

不安解消のための陰陽術「手の神門《しんもん》・耳の神門」

手の神門を開いて、氣が出るようになる陰陽術です。

手首の内側にある硬い骨を、下から外に向かってぐりぐりと押します。ここには「神門」と呼ばれるツボがあり、陰陽では、神の門が開いて手から氣が出せるようになると考えます。利き手（もしくは両方の手）の神門を開いて、患部に手を当てることで、関節痛や、歯の痛み、腹痛などの痛みを和らげることができるでしょう。「この傷が治りますように」と強く願えば願うほど、氣のパワーが引き出されます。自分にやるよりも、相手にしてあげたほうがより効果が高いといわれています。

手の神門だけでも十分に効果がありますが、氣が枯れてしまっている人、ストレスを抱えて疲れている人は、耳の神門も開きましょう。

耳の神門のツボは、耳の上部にあります。耳の上部をつまみ、よくマッサージしましょう。痛くなければ、爪で突いて刺激を与えてもいいです。耳の神門は、自律神経の乱れを整える効果があるとされ、陰陽では、頭頂部が天と繋がり、氣が入ってくる入り口と考えます。

手の神門は氣が出ていく出口の神門ですから、神様からエネルギーを貫い、手から氣を放出することで、いっそう効果が高まるでしょう。

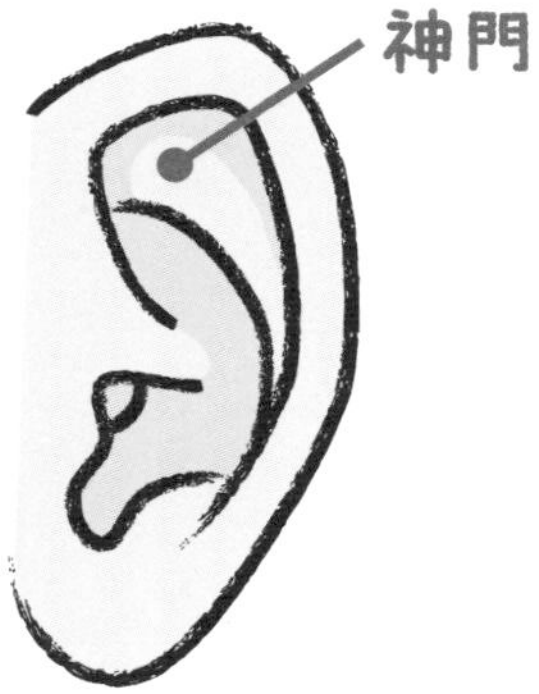

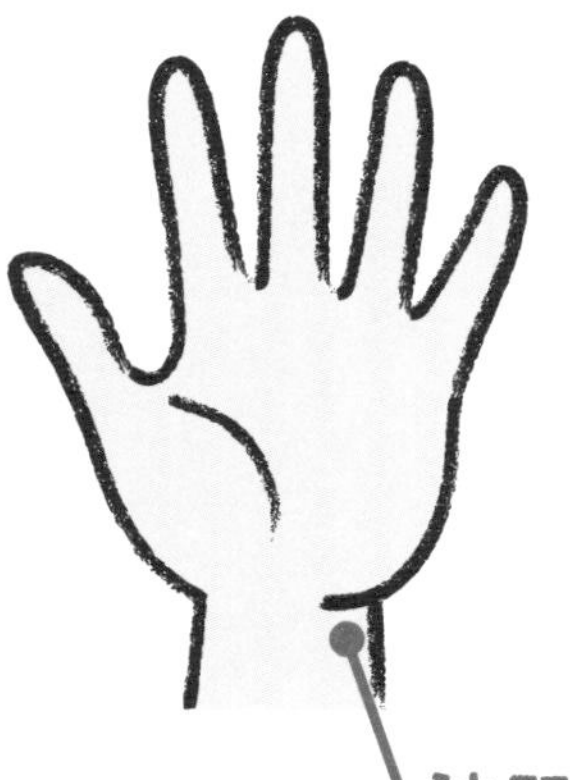

第 4 章

現代に生きる私たちの
運を上げる「陰陽六行占術」

陰陽六行占術とは何か

精神の時代にこそふさわしい占術

なぜ「五行」占術ではなく「六行」占術なのか

陰陽六行占術とは、陰陽道に古くから伝わる占術を、現代に合うよう再編成したものです。「五行」の時代が「物質」の時代だとしたら、現代は「六行」の時代。「精神」の時代だといえるでしょう。そのため、陰陽六行占術では、精神中心の考え方を中核として、人の気持ちと自分自身の成長を重視します。

五行というのは、古代から伝わる東洋の世界観である「陰陽五行」のこと。「木は火の材料になり、火は灰を作り土になり、土から金が生まれ、金はしたたり水を生み、水は木を育てる」……というように、この世界で互いに影響を及ぼし合いながら、循環していくものだといえるでしょう。

ところが、約320年前の元禄13年に発行された、『易學啓蒙《えきがくけいもう》』という書物には、五行以外の「麒麟星《きりんぼし》」というものが登場しているのです。この「麒麟星」をもつ人は、ふたつの徳を積むことができる人。麒麟星は、なぜか自分はボロを身にまとい、他人に錦《にしき》を着せるのです。また、自分はアワやヒエを食べて、他人に米を食べさせます。つまり、自分をないがしろにしているのです。

このように、**五行の他の星とは違った動きをしているのが麒麟星**。それゆえ、「五行以外」という表現がされています。この博愛精神と奉仕精神に富む麒麟星のことを私は「お月さん」と呼んで、五行占術の6番目の星としたのです。

五行の6番目の星、月（麒麟星）こそが、精神の星であり、現代を表す星だといえるでしょう。「自分のことよりも、相手のことのほうを大事にする……そんな時代にしましょう」というのが、「月」なのです。

「六行」の時代の訪れと新しい考え方

後で詳しく述べますが、相性についても「この人と合う」「合わない」、あるいは相性がよいとか悪いとか言っている時点で、精神性が低いということ。人は意味があって、存在します。合うか合わないで判断するのは、物質的な考えです。「この物質とこの物質は合う」「合わない」というように。

けれど、「六行」の時代は、合わない相手だからこそ、自分にない長所をもっているし、大事なことを教えてくれると考えるのです。また、自分の長所を相手の短所を補うために使うのだ、そのために自分は存在するのだ、と考えることもできるでしょう。

こうした精神の時代を象徴する「月」と六行ですが、『易學啓蒙』より古い約350年前の書物にも記載があるだけでした。そのころから少し前までは、ずっと五行の考えに無理やり押し込まれてきたのです。

しかしながら、現代は六行の時代です。六行は、五行の全てを含みながら、さらに新しい概念を生み出せるもの。近代、五大栄養素に「食物繊維」が加わったことや、五味に「うまみ」が付け加えられたことは、六行の新しい時代を象徴する出来事に思えるのです。

6つの氣質で構成される「立体《りったい》五行《ごぎょう》」。それが六行

また、算命学という、昔からある東洋の占術の書物にも六行は登場します。書かれているのは、五行の真ん中の中空に描かれた麒麟星。これは立体五行と呼ばれ、今でいう3D的な考え方になります。五行が二次元なのに対し、麒麟星は三次元。言葉どおり、次元が違う存在なのです。

人は、五行を巡りながら成長します。木のようにコツコツ地道な努力を重ね、火のように情熱を燃やし、土のようにトップを目指し、金のように楽しみを見いだし、水のように相手に合わせながら仲間とともに歩む……その繰り返し。その様子を上から眺め、背中を押してくれるのが「月」だと考えれば、イメージしやすいかもしれません。

先程も述べましたが、「月」（麒麟星）の人は、他人のために動ける人。他の五行の人たちのために闇を照らし、下から支え、一人前にすることができるのは、「月」のお役目なのです。

地球に生まれ、木・火・土・金・水としての氣質を授けられた人々は、神に近づくための修業をする必要があります。けれど、神様にはなれない。しかしながら、一人前にはなれるのです。ですから、他の五行の人たちは、「月」に近づく修行をすることが大切です。

そして、「月」になることができたら、今度は他の五行の人々をはぐくむという修行をします。精神性の高い月だからこそ、他の五行の人をレベルアップすることが可能でしょう。

理想的な状態は、月を合わせた六行すべての要素を取り入れ、何でもできるようになること。情熱的な「火」の氣質の人も、「木」のようにコツコツ努力する必要があるし、「水」のように冷静に判断する必要もあるのです。

こうして全てができるようになった状態の人を、「完成された六行」、すなわち、「完六《かんろく》（貫禄）」と呼びます。ところが、「私はこれしかできない」と言った瞬間、その人は「五行の人」になってしまうのです。六行の時代である今は、たとえ「水」の人でも、熱く語らなければなりませんし、コツコツ努力もしなければならないのです。

これまでの五行占術では、「あなたは木の人だから努力家」で終わっていました。けれど、この陰陽六行占術は続きがあり、最終的に五行を包括し、自分のレベルを上げ、今度は修行中の他の人のために役立ちましょうというところまで行きます。そこが、性格診断に終わらない、六行占術ならではの特徴といえるでしょう。

「天」と「地」×「6つの氣質」で性格や才能がわかる

さて、陰陽六行占術なので、6つのタイプに分かれるのかというと、そうではありません。陰陽という言葉が冒頭についているとおり、六行にも陰と陽のタイプがあります。つまり、陰・陽×六行＝12タイプに分かれるのです。ただし、この占術では、「陰・陽」とは呼びません。「天・地」と言います。

あなたの氣質を出してみましょう

氣質は天と地×六行の12パターンに属します

では、自分がどのタイプになるのかを、さっそく調べてみましょう。計算で出す方法もあるのですが、ここではパソコンやスマートフォンなどで簡単に算出できるサイトをご紹介します。『陰陽六行Ｗｅｂ鑑定』をインターネットで検索するか、下のＱＲコードを読み込んで、計算サイトに飛んでください。リンク先にあるページの「お試し鑑定をする」（無料）を選んでタップまたはクリックし、必要事項を入れれば、自動であなたのタイプが出ます。

会員に登録（無料）すると、毎月一カ月分のバイオリズムを知ることができます。（詳しく観る場合は有料）

六行別・あなたの氣質

天と地のいずれかに属し、さらに六行のどれかに属します。天と地×六行（月・火・水・木・金・土）という掛け合わせで判断してください。

天

陰陽の「陽」。明るく元気で、エネルギッシュ。物事をプラス思考で考えることが多く、何に対しても前向きに行動できる、積極的な人です。石橋をたたかずに、飛び越えていくような性格で、行動力は抜群。その反面、計画性に乏しく、とりあえずやってみようといろいろなことに挑戦します。そのため、器用貧乏になることもあり、ときおり損をする場面も。

長所　明朗活発・元気・積極的・好奇心・プラス思考・チャレンジ精神・決断力・行動的

短所　短気・軽率・自己中心・計画が苦手

褒め方　「明るく楽しく気分がよくなるよう」に褒める

波長の色　白・明るい色・薄い色・まだら色

地

陰陽の「陰」。物腰が柔らかく、親切で協調性がある人。気配りや目配りができる人でもあります。常に向上心を忘れず、「自分はまだまだだ」と高く成長していきます。いっぽう、繊細で少し心配性な面もあり、石橋をたたいて、さらにたたいて安全性を確かめてから渡ろうとするでしょう。そのため、不安感をいつも抱き、優柔不断なところも。また、ネガティブ思考になりやすい傾向があります。

長所　平等・平和・堅実・包容力・気配り・思いやり・粘り強い・予想・計画が得意・慎重

短所　不安・心配性・奥手・優柔不断・落ち込み

褒め方　内容をしっかりさせて、次に繋がるように褒める

波長の色　黒・渋い色・濃い色・単色

火

匠《たくみ》の人。常に自分の意思で動き、物事をやり遂げる忍耐力をもった人です。ヤル気のON／OFFの差が激しく、OFF状態になると無気力状態に陥り、何もしなくなるでしょう。しかし逆境には強く、忙しいときほどいきいきします。クオリティを大切にする人でもあります。

長所

正義感・責任感・忍耐・本気・努力・やる気・まじめ・こだわり・分析・意志・匠・本音・逆境に強い

短所

頑固・自分勝手・ON/OFFが極端

褒め方

【認められて伸びるタイプ】

話をしているときには最後まで考え、想いをしっかり聞くこと。「なるほど」「納得です」は非常によく、「でも……」「だけど……」などは厳禁です。

波長の色

赤側の色

月

心優しく、人間味あふれる人。世話好きで、損得勘定を抜きにして他人のためにがんばれる、ボランティア精神の持ち主です。自分を後回しにするので、不満を溜めやすいでしょう。また、思い込んだら一直線で、「善は急げ」とばかりに行動します。本音を大切にする人。

長所

気配り・目配り・思いやり・包容力・親切・誠実・優しさ・気付き・忠実・人情・協調・平等・平和

短所

心配性・優柔不断・過保護・お節介

褒め方

【心を褒めて伸びるタイプ】

一生懸命がんばっている心を包み込むような褒め方をする。「優しいね」「思いやりあるね」「気がつくね」「がんばっているね」など。

波長の色

紫側の色

木

真面目でしっかりした人。目標に向かってコツコツ努力し、自分のペースで堅実に物事を進めることができます。また、周りから助言を聞き、取り入れる力をもっているため、計画的に物事を達成できるでしょう。基本や手順を大切にするという一面もあります。

長所

誠実・堅実・努力・忍耐・コツコツ派・信念・熟考・まじめ・常識人・計画性・反骨精神

短所

完璧主義者・落ち込みやすい・話が長い

褒め方

【認められて伸びるタイプ】
出してきた結果をしっかり評価（ダメ出し含む）をする。「○○はいいね。でも××なところもあるけど、よい出来だ」など。※褒めて、改善箇所を伝え、褒める。

波長の色

緑側の色

水

社交的で、協調性の高い人。サービス精神が旺盛で、目立つことが大好きでしょう。向上心と競争心が強く、注目されるための努力は惜しみません。反面、面倒事が苦手で、都合が悪くなると、要領よく逃げ出すことも。和（輪）を大切にします。

長所

陽気・明朗・社交的・協調性・柔軟性・活気・情熱・サービス精神・おおらか・艶やか

短所

八方美人・内弁慶・面倒くさがり

褒め方

【褒められて伸びるタイプ】
全ての褒め方を嬉しく感じる人なので、いろいろな場面で褒めること。「優しいね」「気がきくね」「すごいね」「斬新だね」「他の人と違うね」など。

波長の色

青側の色

土

繊細で、気品のある人。しっかり者（人に見せる自分）と、甘えん坊（本当の自分）など、建前と本音を上手に使い分けることができます。貴族氣質でもあり、プライドが高く、向上心も強いでしょう。理想に近づくために努力を惜しまず、ルールや秩序を大切にします。

長所

優雅・気品・知性・感受性・向上心・本物志向・堅実・理想・自尊心・教育・合理的・研究熱心

短所

不安・自信がない・本音が言えない

褒め方

【プライドをくすぐるように褒めて伸びるタイプ】 プライドを認め、立てる感じの褒め方がとてもよい。「凄いね」「他の人と違うね」「あなたにしかできないね」「頼んでよかった」など。

波長の色

黄側の色

金

楽天的で、自由を好む人。楽しいことに敏感で、常に刺激を求める行動派です。争いごとが嫌いで、誰とでも仲良くしたいと考えているでしょう。「人生を楽しまないと損」だとわかっているけれど、それゆえに嫌なことを放棄しがち。自由意志や意欲を大切にする人です。

長所

自由・希望・好奇心・情報通・開拓・プラス思考・愛嬌・平和・楽天的・行動派・チャレンジ精神

短所

突進・気分屋・自己中心・飽きっぽい

褒め方

【過剰に褒めて伸びるタイプ】
乗せる感じの褒め方をすると調子（プラス思考）が出る。「おぉ～、凄い!!」「えぇ～ホントにぃ～!!」など。ヨイショされるのが大好き。

波長の色

オレンジ側の色

相性を「よい」「悪い」で判断してはダメ

よく「あの人、嫌い」とか「苦手」とか言いますが、これでは五行の世界から抜けられません。つまり、高いステージに行けないのです。この章の冒頭でも述べましたが、五行には相関図というものがあり、そこには相性の力関係が描かれています。もう一度言いますと、「陰陽五行」のこと。「木は火の材料になり、火は灰を作り土になり、土から金が生まれ、金はしたたり水を生み、水は木を育てる」。これは、互いの相性を生かす関係で、「相生《そうせい》」といいます。

いっぽう、「木は土の養分を奪い、土は水を濁してせき止め、水は火を消し、火は金を溶かし、金は木を切る」という相関関係もあります。これを、互いを痛めつける「相剋《そうこく》」と呼びます。

六行ではこれに「月」が加わりますが、「月」に最も近いのは、「水」。なぜなら、水だけが、潮の満ち干のような影響を、月から受けるためです。それゆえ、六行の相関図では、「水」のすぐそばに「月」があります。

さて、六行ではよい悪いといった考え方をせず、「どれひとつ欠けてはいけないもの」と見ていますから、６つの氣質が輪（和）なのです。お互いにないものをカバーし合い、たとえ五行では相剋という関係にあり、相性的にはよくなかったとしても、教え合い、学び合うことができる……それが、六行の考え方。

この新しい六行の考え方に則って、カバー折り返し部分のカラーの相関図を見てください。いわゆる伝統的な五行の表とは色が異なっていることに気づくでしょう。けれど、本当はこちらが自然であり、正しいのです。

そして、円の内側を見てください。薄いピンクと薄い青の線（次ページの図では薄いピンクと濃いピンクの線）がありますが、相生とか相剋という考え方はしません。薄いピンクがお互い「元気になる相性」、薄い青がお互い「学びのある相性」と考えます。そうやって最終的に、切り離された「個」にすぎなかった人間が、全てのタイプの性格をもつようになるのです。

陰陽六行相性相関図

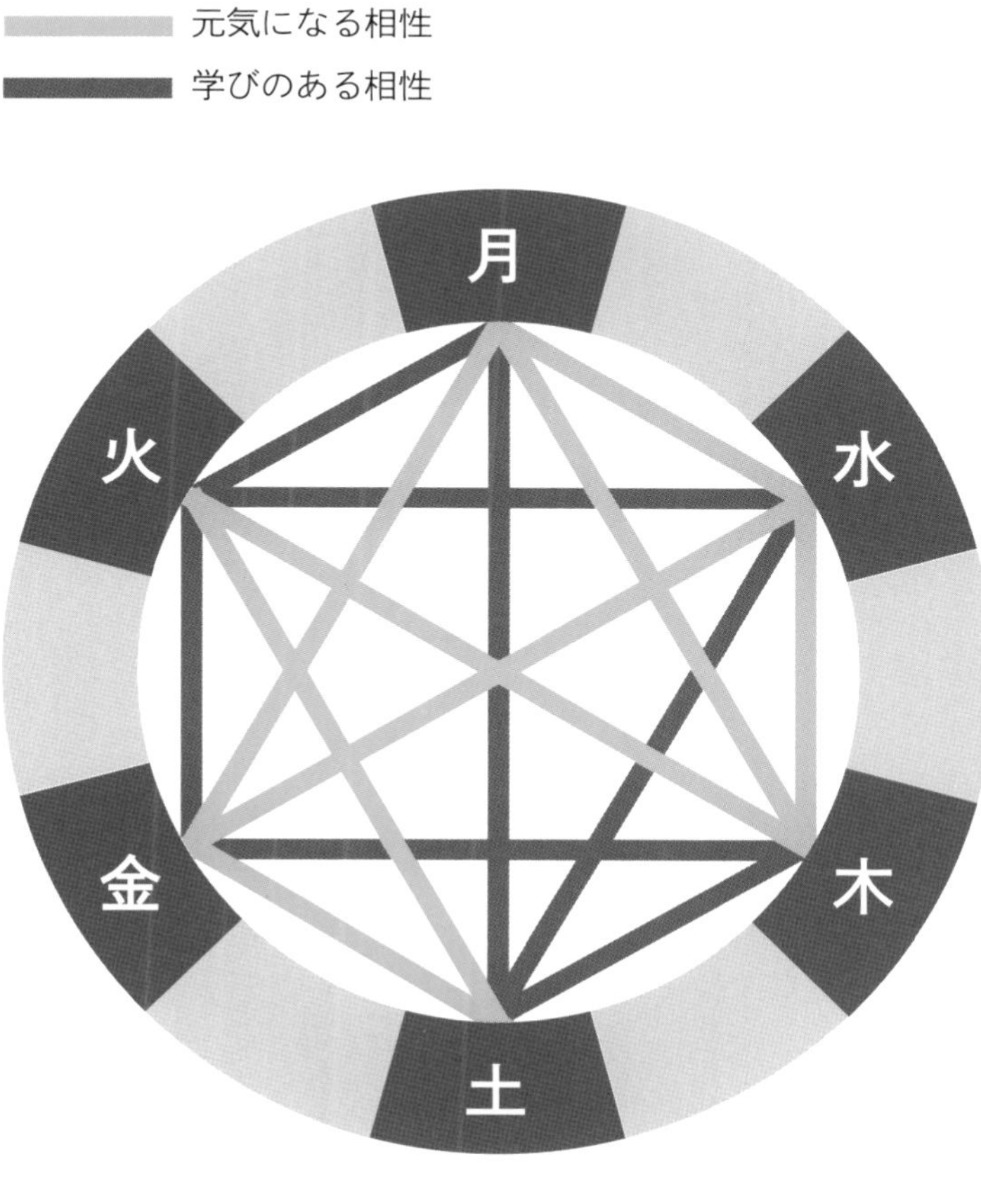
元気になる相性
学びのある相性
月
水
木
土
金
火

相性を超えてよい関係を築くには「まず両脇の氣質から取り込んで」

そうなるためには、まず、自分の両側にある氣質を取り込むこと。たとえば、自分が「金」だったとすると、その左右にある「水」と「土」の要素をどんどん取り入れましょう。自由で行動的な「金」の氣質に、「水」の協調性や柔軟性、「土」の実直さを加えていくのです。それができたら、今度はもう一コマ進めて、「月」のボランティア精神を身につけて奉仕し、「火」のように熱く語りましょう。最後に、残された「木」の氣質を取り入れ、コツコツ努力もできる人になるというわけです。そうなるまでには、一生かかるかもしれません。けれど、そうやって生きていくことが修行だといえるでしょう。

真逆の氣質を取り入れたとき、そこでやっと陰陽全てが揃い、人間として一人前になるのです。つまり、人としての器が大きくなった証です。

陰陽六行

性格・特徴

・主となる氣質を中心に両隣の特徴も併せ持つ
・真向かいの氣質とは正反対の特徴が出やすい

相性

・両隣の氣質同士は相性がよい
・反対の意見を教えてくれるのは真向かいの氣質
・真向かいの両隣の2氣質と仕事をするとよい

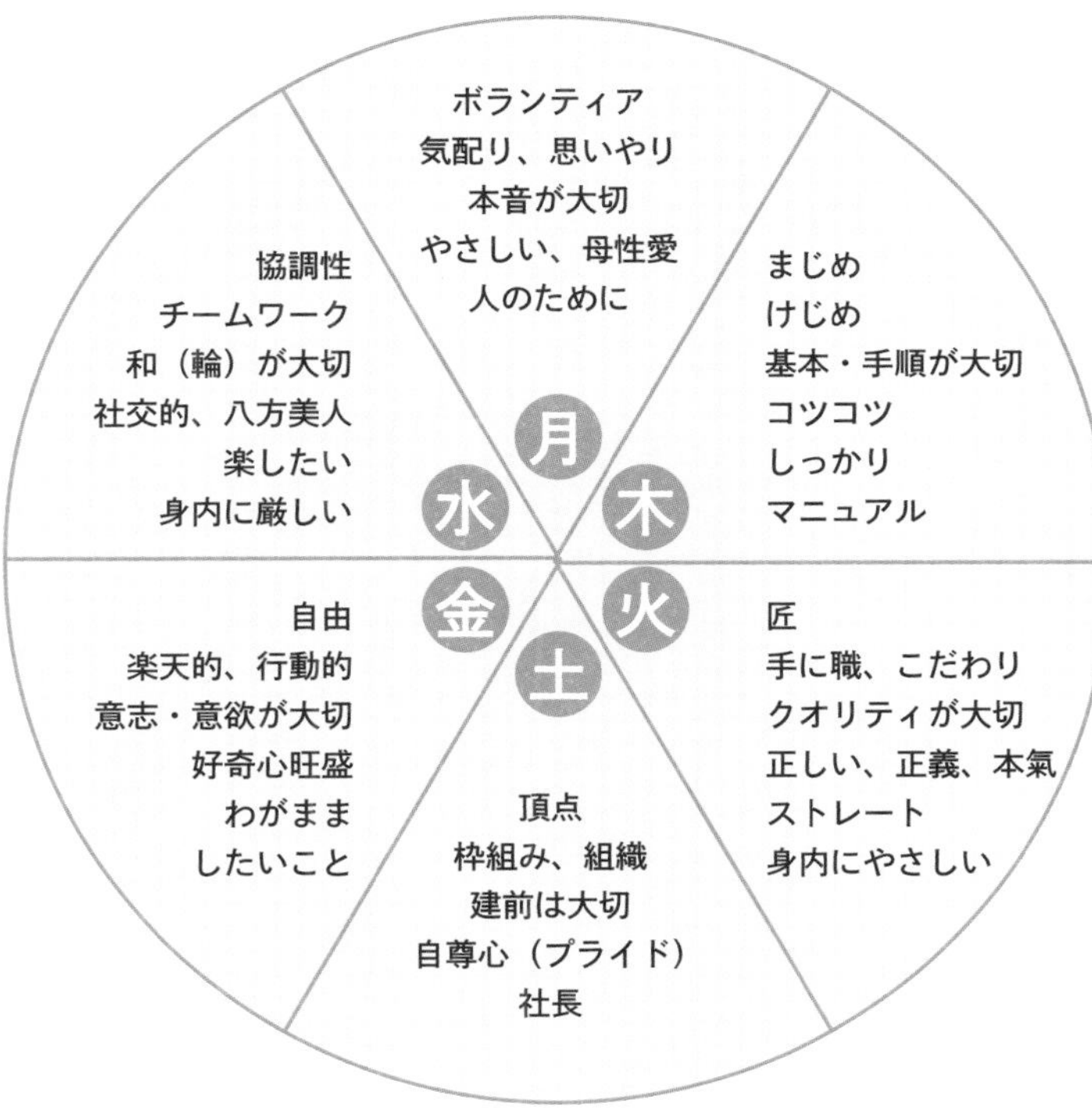

あなたのタイプ（氣質）別デトックス法

月	月光浴をしましょう。満月の光の波長は、雲をも貫いて地表に届きます。体内の臓器の名前には月（にくづき）があるように、月光の波長が体内まで届き、細胞ひとつひとつを祓い修復してくれます。また、新月の力も月氣質には強く影響を及ぼすので、新月では決意表明（強さを作り）をし、満月では傷ついた身体を癒やしてくれます。
火	日光浴をしましょう。火の最大のパワーは太陽です。その光が祓ってくれますが、強い負のエネルギーに引っ張られている場合は、太陽の光が逆効果です。その場合は、お風呂場の照明をすべて消し、半身浴しながらキャンドルの灯だけをずっと眺めるだけで、陰から陽へと切り替えることができます。
水	大水が祓いを行います。海にもデトックス効果はありますが、河口の土手や湖の辺りを散歩することをオススメします。また、滝も水のエネルギーが多いので、何かに取り憑かれたと感じたなら、大水（河口・湖・滝など）を感じましょう。時間的に余裕がないときは、YouTubeなどで滝の映像を目で感じるだけでも祓えます。
木	森林浴がオススメです。昔から自然には癒やしの力があり、自分自身にも備わっている自然治癒力を復活させてくれます。また御神木に触れることも森林浴同様のデトックス効果が得られます。魑魅魍魎の類に取り憑かれたときだけではなく、普段の疲れや悲しみなどの負のエネルギーを、御神木が吸い取ってくれます。
金	好きなことをしましょう。金氣質の方は○○という固定したモノはありません。元々自己修復能力が他の氣質より強いので、内なる氣を強くすることで、身も心の中の全ての憑きモノが祓えます。仕事帰りに好きなことをトコトンやるか、週末の日に一日中それに没頭することが、後々の負のエネルギーを溜め込まないことにも繋がりますので、定期的なデトックス（好きなこと）の時間を作ることをオススメします。
土	芝生などの地面に直接大の字で寝っ転がることを推奨します。土地の球である地球は、土のエネルギーを蓄えています。そのエネルギーを取り入れることで、自分に溜まった負のエネルギーを取り出してくれます（実際に蓄電を流すことをアースと呼びます）。また、高い場所から山々の連なる峰を見るだけでもパワーを充電できるので、週末などは人里離れた高い山へドライブに行くなどするとよいでしょう。

第5章

陰陽道の歴史

陰陽道の基礎は古代中国の知識

千年以上前から日本で独自に発展

大和時代から奈良時代

陰陽道《おんみょうどう》というと、古代に中国から輸入されたもののように思いますよね。

じつは陰陽道は古代中国の陰陽《いんよう》・五行説、暦・天文・占術などの知識をもとに、日本で独自の発展を遂げた「日本固有の呪術・学問の体系」なのです。

陰陽思想と五行思想は、古代中国の春秋戦国時代のころに発生し、日本へは5～6世紀ころに伝えられたといわれています。

『日本書紀』継体《けいたい》天皇7（513）年の条に、百済《くだら》から五経博士《ごきょうはかせ》が日本に送られたと書かれています。この五経博士が伝えた教えに『易経《えききょう》』が含まれていました。『易経』の基本には陰陽思想があることから、この時期に陰陽思想が日本に入っていたことがわかります。

推古《すいこ》天皇の時代には、百済からやってきた僧・観勒《かんろく》が、暦本・天文地理書・遁甲方術《とんこうほうじゅつ》書を献上。聖徳太子をはじめとする国の指導者たちに陰陽五行説を含む諸学を教えました。このように天文・占術・遁甲（占星）・相地《そうち》（地相の吉凶を判断する風水術）・暦法など陰陽・五行思想が伝えられました。

7世紀後半、天武天皇の時代に国の役所として「陰陽寮《おんみょうりょう》」が「占星台」とともに作られました。じつはこの天武天皇は「天文や遁甲を能《よ》くしたまう」人物で、壬申《じんしん》の乱でも天体の動きや式盤《しきばん》で自ら戦いの行方を占ったと『日本書紀』に書かれています。律令制による国作りが進む中で、陰陽寮は天皇の秘書的な役割を担う「中務省《なかつかさしょう》」の管轄下に置かれ、組織が整えられていきます。

陰陽寮には天文道・暦《れき》道・漏刻《ろうこく》道・陰陽道の4部門があり、国の役所として、式盤を使った占いである式占《しきせん》を行いました。

天文道は星の運行を観測することによって、その意味するところを占う、いわば占星術師でした。暦道は天体の動きから暦を作成します。漏刻道は漏刻という水時計を使って時間を管理しました。そして陰陽道は占術や呪術を担っていました。さらにこの4部門を、今の大臣や長官に当たる「頭《かみ》」をトップに、「助《すけ》」や大小の「允《じょう》」、「属《さかん》」が事務方としてサポートしました。

天平《てんぴょう》7（735）年、遣唐使として唐に遣わされていた吉備真備《きびのまきび》が帰国し、多数の書物などを持ち帰ってきました。それらに記された最新の知識や思想は、その後の陰陽道の発展に大きな影響を与えたといわれています。

延暦《えんりゃく》4（785）年、桓武《かんむ》天皇から長岡京への遷都を任せられた太政《だじょう》大臣の藤原種継《ふじわらのたねつぐ》暗殺事件が起こり、冤罪で幽閉された早良親王《さわらしんのう》が非業の死を遂げます。その後、桓武天皇の身辺に凶事が頻発し、怨霊《おんりょう》におびえた天皇は長岡京を捨て、平安京へ遷都します。その際、土地相により長岡京から艮方位《うしとら》（東北）に当たる平安京へ決めたといわれています。

このころから、朝廷を中心に怨霊を鎮める「御霊《ごりょう》信仰」が広まったとされ、**陰陽師に悪霊退散の技術が求められるようになっていきます。**

いよいよ安倍晴明が登場する平安時代

平安時代になると、中国（宋）との国交が途絶えます。そのため、陰陽道はいよいよ日本独自の発展を遂げていくことになります。日本古来の古神道に加え、北極星を天帝とする星辰《せいしん》信仰、道教から強い影響を受けた霊符呪術や呪禁《じゅごん》、方術、祭礼、さらに風水なども取り入れられました。

8世紀末ころからは、密教、修験道などからの影響も受けていきます。

また、藤原氏など国の実権を握る有力貴族が台頭し、陰陽師の性格も変わっていきました。それまで国の運営にかかわる事柄のみを占っていましたが、天皇家の人々や公卿の個人的な吉凶を占うことも多くなっていったのです。

この時代、陰陽師の中で頂点を極めていたのが賀茂忠行《かものただゆき》・保憲《やすのり》の賀茂家と安倍晴明《あべのせいめい》の安倍家です。賀茂忠行は清明の師でもありますが、一説では賀茂家の祖先は修験道の創始者・役小角《えんのおづぬ》ともいわれ、主に暦道を受け継いでいきました。対して安倍家は天文道を世襲していくことになります。

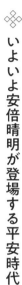

いっぽうで民間の陰陽師が活躍し始めるのもこのころです。

じつは安倍晴明も陰陽寮のエリート官僚でしたが、世に陰陽師として知られたのは陰陽寮を退官してからです。つまり彼は独立したプロの陰陽師として、天皇や貴族の個人的な相談にのっていたのです。

清明のライバルとして数々の伝説に登場する蘆屋道満《あしやどうまん》も、実在することが研究でわかってきています。今に残る伝説の多くはフィクションでしょうが、実際呪詛《じゅそ》などを行うことはあったのでしょう。道満は播磨《はりま》（現在の兵庫県南西部あたり）出身といわれていますが、もともと播磨には陰陽師がたくさんいたとも伝えられています。

彼らが活躍した平安中期は、律令制の枠がゆるんで地方で平将門《たいらのまさかど》・藤原純友《ふじわらのすみとも》の乱が起きるなど武士勢力が力を持ち始めていました。さらに富士山の大噴火や大地震が頻発。延長《えんちょう》８（９３０）年には清涼殿が落雷で焼けるなど天変地異も立て続けに起こり、社会が不安定になっていきます。

そこで平安貴族たちは、仏教とともに陰陽師の暦や方位の禁忌《きんき》、占い、呪詛祓い、延命長寿の祭祀などによる救済をもとめました。こうして陰陽道は人々の生活に深く根付いていくことになります。

武士と陰陽術

◎鎌倉幕府と御《お》簡《ふだ》衆

やがて武士たちがいよいよ勢力を増して、国の実権を握るようになりました。武士というと、武力に頼り目に見えない怨霊など意に介さない合理的な考えの持ち主と思えますが、そんなことはありませんでした。

鎌倉時代の歴史書『吾妻鏡《あづまかがみ》』には、１００人以上の陰陽師が幕府に仕え、活躍していたと記録されているそうです。

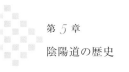

また平安京が四神相応《しじんそうおう》の風水都市であることは有名ですが、じつは鎌倉幕府も呪術的な考えを取り入れて造られたといわれています。

源《みなもとの》頼朝《よりとも》の施政以前から、鎌倉の四方を取り囲むように東南に八雲神社、東北に荏柄《えがら》天神社、西南に坂ノ下御霊神社、西北に佐助稲荷がありました。さらに頼朝は鶴岡八幡宮、勝長寿院《しょうちょうじゅいん》、永福寺《ようふくじ》を幕府のあった大蔵御所の周りを守るように配置。これらの寺社はみな怨霊とかかわりが深く、頼朝が怨霊を恐れて防ごうと心を砕いていることがよくわかります。

歴代将軍たちも陰陽師を活用しています。たとえば3代将軍源実朝《さねとも》は将軍家安泰を祈願し安倍資元《すけもと》に泰山府君《たいざんふくん》祭を祀らせました。また、承久《じょうきゅう》の乱の際には陰陽師を招集し前代未聞の１００日間連続の天曹地府祭《てんそうちふさい》を執り行いました。

そして**陰陽師は「御簡衆《おふだしゅう》」と呼ばれる、幕府を構成する一員**になっていきます。平安時代中期以降、公卿たちの個人の祈禱師《きとうし》という役割に甘んじていた陰陽師たちは、再び幕府権力を霊的に守るための公的な役割を担うようになっていったといえるでしょう。

◎室町時代から戦乱の世へ

室町幕府は鎌倉幕府以上に陰陽師を重用し、安倍家、賀茂家ともに公卿の地位を得ました。そして安倍家は「土御門《つちみかど》」、賀茂家は「勘解由小路《かでのこうじ》」を名乗るようになります。このころ陰陽術はさらに世の中に浸透し、占い師や祈禱を行う民間陰陽師が活躍するようになっていきました。

応仁《おうにん》の乱で京都が戦乱に巻き込まれると、陰陽師たちは戦火を避け地方に散っていきます。戦国時代に活躍した軍師には、そうした陰陽師が少なくないといわれます。織田信長が武田軍を破った長篠《ながしの》の合戦を描いた屏風絵《びょうぶ》『長篠合戦図屏風』には、軍議を開く信長のすぐ傍らに3人の軍師が描かれているのですが、彼らはそろって六芒星《ろくぼうせい》を縫い込んだ陣羽織《じんばおり》を着ているのです。どうやら信長は陰陽師系の軍師を活用していたようです。

このように活躍の場を広げていった陰陽師たちですが、豊臣秀吉の天下になって大きな転機が訪れます。文禄《ぶんろく》4（1595）年、秀吉の養子で後継ぎとされていた秀次《ひでつぐ》が、秀吉の実子・秀頼《ひでより》へ呪詛を仕掛けた咎《とが》で切腹させられてしまいます。また、そのとき実際に呪詛を行ったとして土御門久脩《ひさなが》が尾張へ配流されてしまったのです。

さらに秀吉は、陰陽道は国家を蝕《むしば》むものだとして公的な陰陽師の職を廃止してしまいます。これにより宮廷陰陽道は、一時的に断絶することになりました。

この大弾圧で、さらに多くの陰陽師が地方へ散っていき、世間に陰陽道を浸透させることになります。

◎徳川幕府の陰陽師管理

戦国時代が終わりを告げ、政権を握った徳川家康は、配流されていた土御門久脩を京に呼び戻しました。そして陰陽道宗家として183石6斗の家禄を与えるとともに公家《くげ》昵懇《じっこん》衆として召し抱え、日本中の陰陽師をその支配下に置くようにします。つまり**陰陽師を一元管理しようとしたのです**。いっぽう民間では陰陽道を使う者は「声聞師《しょうもんじ》」と呼ばれ、暦や方角の吉凶を占う民間信仰の担い手として社会に定着していきました。

さらに天文学の知識が深まると、江戸幕府のもとで暦《こよみ》を改めようとする動きが起こりました。800年もの間、日本では中国の宣明暦《せんみょう》をもとに毎年の暦を作成してきましたが、貞享《じょうきょう》2(1685)年、渋川春海《しぶかわはるみ》によって初めて日本人による暦法が作られ、暦が改められました。これを「貞享の改暦《かいれき》」といいます。

本来暦を作ることは為政者の務めとされていましたから、幕府はそれまで公家に任せていた暦作りも自分たちの権利としたのです。
こうして、暦作りが陰陽師の手から幕府の手に移っていったのです。

陰陽道、冬の時代と戦後の復活

明治維新以後、政府は日本の近代化を進めました。そのため迷信などを禁止することとして、明治3（1870）年には「天社神道廃止」の太政官布告が発令され、陰陽道は公式に禁止されてしまいます。

しかし第2次世界大戦後、旧明治法令・通達が廃止されることになり陰陽道を禁止する法令も公式に廃止されました。これがきっかけとなり、「大安」や「仏滅」で知られる暦注のひとつ、六曜が広く一般に用いられているようになっていきます。

こうして21世紀の今も陰陽道の思想は、日々の生活やお正月などの年中行事に取り込まれ、脈々と受け継がれ続けているのです。

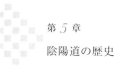

陰陽道の歴史 年表

年	年号	出来事
5〜6世紀頃		中国大陸より陰陽・五行説が伝来
513	継体天皇《けいたい》7	百済から五経博士が送られる
554	欽明天皇《きんめい》15	百済より易博士が来朝
602	推古天皇《すいこ》10	百済より僧・観勒が来朝し、「暦本」「天文・地理書」「遁甲《とんこう》・方術書」をもたらす
673	天武《てんむ》2	天武天皇即位
676	天武天皇5	陰陽寮や日本初の占星台が設けられる
710	和銅《わどう》3	平城京遷都
717	養老《ようろう》元	吉備真備が阿倍仲麻呂・玄昉らとともに入唐
718	養老2	養老律令により中務省の下に陰陽寮が整備され、陰陽、暦、天文、漏刻博士が、またその下に陰陽師が置かれる
735	天平《てんぴょう》7	吉備真備、帰朝。経書（『唐礼』130巻）、天文暦書（『大衍暦《だいえんれき》経』1巻・『大衍暦立成』12巻）、日時計（測影鉄尺《そくさいてつしゃく》）など多数の文物を持ち帰る
784	延暦《えんりゃく》3	長岡京遷都
785	延暦4	藤原種継暗殺事件が起こり、冤罪で幽閉された早良親王が非業の死を遂げる
794	延暦13	桓武天皇により長岡京から平安京へ遷都 このころから、「御霊信仰」が広まる
平安前期〜中期		賀茂忠行・賀茂保憲、安倍晴明などが活躍。また非官人の法師陰陽師などが台頭するようになった
989	永祚《えいそ》元	2月10日 安倍晴明、泰山府君祭を初めて行う。以降泰山府君信仰が広まる
1185	寿永《じゅえい》4/文治《ぶんじ》元	壇ノ浦で平家滅亡

陰陽道の歴史

1192	建久《けんきゅう》2	源頼朝、征夷大将軍に任命される
1207	承元《じょうげん》元	鎌倉で疫病が流行、源実朝が安倍維範に疫病封じの呪術を行わせる
1210	承元4年	実朝が将軍家の安泰を祈禱させるため、維範の父・資元に泰山府君祭を奉斎させる
1221	承久《じょうきゅう》3	承久の乱起こり、前代未聞の100日間連続の天曹地府祭が執り行われる
1333	元弘《げんこう》3	鎌倉幕府滅亡
1336	延元《えんげん》元	室町幕府創設 このころ陰陽師は将軍家だけでなく守護大名や公卿のカウンセラー的な存在となる。さらに民間に陰陽道が浸透、占い師、祈祷師として活躍するようになっていく
1368〜1394	応安《おうあん》元：正平《しょうへい》23〜応永《おうえい》元	安倍家、賀茂家ともに従三位に昇進する
1573	元亀《げんき》4	7月　織田信長が15代将軍義昭を京都から追放、室町幕府滅亡
1582	天正《てんしょう》10	本能寺の変

1595	文禄《ぶんろく》4	豊臣秀吉、陰陽道の職を廃止、弾圧する
1600	慶長《けいちょう》5	関ケ原の戦い 配流されていた土御門家が徳川家康によって京に呼び戻され、陰陽道宗家（公家昵懇衆）として家康に仕える
1603	慶長8	徳川家康、征夷大将軍となる この時代、陰陽道は暦や方角の吉凶を占う民間信仰として広まり、やがて日本社会に定着した
1683	天和《てんな》3	「諸国陰陽師之支配」を土御門家に一任するとの勅許が出る
1685	貞享《じょうきょう》2	貞享の改暦
1870	明治3	前年に陰陽頭・土御門晴雄が死去したことを契機に、陰陽寮が廃止
1872	明治5	天社神道禁止令が発布、陰陽道が公的に禁止される

お先に失礼します
最終話
運氣は自分で上げられる
最近キレイになったよな……
……でも噂じゃ……
今度さそおう
AR
新しいバーができたのね
ちょっと寄っちゃおう
これはこれは・・・

しばらく見ない間に お綺麗になられて 驚きました
晴明さんの おかげね
見違えるように 素敵な表情に なりましたね
まぁ!!
すべては 俺のおかげ だろう!
あーはいはい
私も陰陽道に ついて勉強したの
じぬぬ……
あなたは厳密には 陰陽師じゃない そうね
クスッ
運氣が前向きに なっていると 行動も前向きになる
よい循環が 起きているのが わかります

私もちょっと前まで「陰陽師って魔法使い的な？」
くらいにしか思ってなかったけど……
統計学というか天文学というか
学者的な存在だったのでしょう？
私は何もしていません
あなたがより楽しく幸せに暮らせるように手伝っただけ
すべてはあなたの努力によるものですよ
うふふうれしい
いつも地に足がついたアドバイスを
ありがとう晴明さん
じゃーね!!
カラン…
なんだアイツは浮かれおって…

相手も
おるまいに
……それは
どうかな？
彼女は以前より
明るく前向き
になった
ポジティブな
人間には
運が向いてくる
今ごろ
誰かと
楽しくやっている
のではないかな

あとがき

　これまで陰陽師としての考え方、そしてその知恵を日々の暮らしに生かす方法をお伝えしてまいりました。ここで、なぜこの本を書いたかということを、ちょっとお話ししたいと思います。

　わたしは33歳のときに耳下腺リンパ腫瘍を患いました。そのとき思ったのは「もうこれで陰陽師の歴史も終わってしまうのか……」ということでした。ところがお医者さまをはじめ皆さんのおかげで、病を克服することができたのです。

　ああこれは、従来は一子相伝とされてきた陰陽師の考え方と在り方を、広く伝えて「もっとよい世の中にしなさい」ということなのだと、そのとき悟りました。

　神様の考えと人間の考えでは当然「差」があります。我々人類はその「差を取る」、つまり「悟《さと》る」、そういう生き方をしなさい、ということなのだと……。

　人間には、人間力（精神力）というものが備わっています。

「人」に「間」と書いて「人間」となります。これが動物としての「ヒト」を「人間」たらしめている「間（ま）」つまり、陰と陽との間《あいだ》の中庸の部分となります。そしてそれこそが人間としての真理、「人間力」の部分なのです。

この「間」は動物にはなく、人間にしかないものです。つまりこの「間」を意識することが神様に近づく唯一の方法なのです。

ではその「間」を意識するにはどうしたらよいのでしょうか?

本書では、陰陽師の考え方と在り方のもとになった、陰陽についても説明しています。その中で、これまでは世の中を「陰陽五行」という「五」の要素で捉えてきたとお話ししました。でもこれからは「中庸」「間（ま）」を加えた「六」の要素が大切になってくるのです。

じつは、人は「半人前」でこの世に生まれてくるのです。ですからよい部分「長所」を持っていれば、よくない部分「短所」も持っています。長所はその人の凸の部分、短所はその人の凹の部分です。

ふたりの人間が相対するとき、自分の長所（凸）ばかりを意識して、相手の短所（凹）に寛容になれずに「こんなこともできないのか！」と怒鳴ってしまうことがあるかもしれません。逆に自分の短所（凹）が、相手からその人の長所（凸）を理由に注意されたりダメ出しをされたりして、落ち込んでしまうこともあるでしょう。そんなとき、その人とは人間関係が合わないと考えてしまうのです。

この考え方が「五（合う、合わない）」の時代なのです。

ですが、あなたの短所（凹）を相手の長所（凸）が補ってくれると考えたらどうでしょう。お互いの長所と短所を認め合うことで、「半人前」だった人間が「一人前」となり、ひとつ上の次元の、より神様に近いところに上がれるのではないでしょうか？

神様が説いている「人類愛」とは、つまり「仲良し」ということ。「仲」という字をひも解けば「人」と「中」になります。つまりこれまでの五行にはない第六の要素「中庸」を普段から意識することが、陰陽学を生かして世の中をよくしていくことに繋がるのです。反対に、もし相手のことを認めず自己主張ばかりしていると、その人は「間（ま）」がない人、つまり「間抜け」になってしまうのです。

では中庸、あるいは「間」を保ち、みんなと「仲」良くするにはどうしたらよいでしょうか？　そのためには「仲」「間」意識を持つ、つまり俯瞰《ふかん》的に自分を捉え、相手の視点でも物事を見るということが大切になります。

もしあなたが誰かに「お前が……」と言ったとすると、その「お前」は相手の目の前にいる「あなた」のことも意味しているのだと思ってください。

また、あなたががんばったことで、より高い階層の知り合いが増えたとします。そのとき、なかにはこれまでは付き合いがあったけれど疎遠になってしまう人もいるかもしれません。でも、より意識の高い人たちとの付き合いは、あなたに新たな長所(凸)をもたらしくれ、新しい短所（凹）に気づく機会を与えてくれるのです。

これこそが「人間」の根本だと、私は思っています。

SNSの発達とともに盛んに使われるようなった「シェア」という言葉。自分の心地よい気持ち、たとえばおいしいものを食べたときやすばらしい景色に出会ったとき、最近ではみんなSNSでその経験を「シェア」し合いますよね。受け取った人は「いいね」をしたり、さらに拡散したりします。じつは「シェア」は相手のものの見方を認めること、つまり陰陽学の根本と非常に近い行為なのではないでしょうか。

この本でお伝えした陰陽師の技や考え方もどうぞ「シェア」してください。そうすることで、みんなが「仲」良く長所と短所を補い合えたら、きっともっと素晴らしい新しい次元の世の中を作っていける、そう信じています。

二〇二一年六月

幸輝

幸輝（こうき）

一般社団法人　日本占導師協会　代表理事

平家一条家に仕えた陰陽師の末裔。

四国、四万十川のほとりの村で生まれ育つ。

祈祷師である祖母を師として学ぶ。

その知識をもとに、当てるだけの占い師ではなく依頼者の理想の未来へと導く鑑定を主とした占って導く手法「占導《せんどう》」を確立。以来、鑑定師として35年のキャリアを積む。

鑑定実績は対面鑑定だけで５万件以上。書面やメール、チャット鑑定を合わせると７万件を超える。依頼者の人生を好転し導く手法に定評がある。

千二百年前から続く四維八干《しいはっかん》という羅針盤を使い、相性だけでなく「目に見えない何かの御縁」である御縁関係も分かる【御縁鑑定】、さらに陰陽五行が時代とともに進化した【陰陽六行《いんようろくぎょう》】を使って、依頼者の氣質（氣の性質）と未来の歩み方を伝え続けている。

占導師の育成にも尽力しながら、講演会やセミナーで全国を行脚中。

日本占導師協会オフィシャルホームページ

https://sendoushi.jp/

日本占導師協会ユーチューブチャンネル

https://www.youtube.com/channel/UCJb6QkDCAr5MGR0T1hJbzsw

占導師 幸輝オフィシャルブログ

https://ameblo.jp/couki/

刀剣画報BOOKS009

運を創る。恋愛・人間関係・健康・お金……
日本古来より伝わる人生の解決法 –陰陽師入門–

Publisher　松下大介

Editor in chief　笹岡政宏

Editor　コジマアイ・株式会社説話社（吹上恵美子・金子さくたろう）

Writer　三井郁子・えいとえふ（酒井美文）・岡田好江

Designer　カバー：スパロウ（竹内真太郎・宗方健之輔・金城梓）
本　文：株式会社説話社（根本直子・菅野涼子）・ラッシュ

Illustration　カバー：汲田　　本文：花村マリンカ

Comic　湊きよひろ

Author　幸輝

Sales staff
斉藤正浩・島軒大介・橘川孝史・木村拓・村上圭佑
金井力・菊地亮太・荒井あゆみ・相良美保

Promotion staff　岡本恭範・会田雄一郎・浅井翔一・並木兵庫・有賀友紀

参考文献・資料

『陰陽師たちの日本史』（斎藤英喜 著　KADOKAWA）
『陰陽道の神々』（斎藤英喜 著　思文閣出版）
『江戸の陰陽師――天海のランドスケープデザイン』（宮元健次 著　人文書院）
『日本史を学ぶための〈古代の暦〉入門』（細井浩史 著　吉川弘文館）
『現代こよみ読み解き辞典』（岡田芳朗／阿久根末忠 編著　柏書房）
『跋扈する怨霊――祟りと鎮魂の日本史』（山田雄司 著　吉川弘文館）
『君のそばにもきっとある！ 日本のミラクルゾーン』（マーク・矢崎治信 監修　宝島社）
『安倍晴明　時をかける千年物語』（マーク・矢崎治信／星野りかこ 著　説話社）
「人文研究見聞録」
https://cultural-experience.blogspot.com/2015/03/blog-post_4.html#kamakura
「リベラルアーツガイド」
https://liberal-arts-guide.com/onmyodo/#2-1
「幕末・維新期における土御門家」（林 淳）
http://kiyou.lib.agu.ac.jp/pdf/kiyou_01F/01__38F/01__38_272.pdf

刀剣画報BOOKS009

運を創る。恋愛・人間関係・健康・お金……

日本古来より伝わる人生の解決法 -陰陽師入門-

2021年6月30日 初版発行

著　者　幸輝

編集人　笹岡政宏

発行人　松下大介

発行所　株式会社ホビージャパン

〒151-0053
東京都渋谷区代々木2-15-8 新宿HOBBYビル

電　話　03-6734-6340［編集］　03-5304-9112［営業］

印刷所　大日本印刷株式会社

乱丁・落丁（本のページの順序の間違いや抜け落ち）は購入された店舗名を明記して当社出版営業課までお送りください。送料は当社負担でお取替えいたします。ただし、古書店で購入したものについてはお取替えできません。

Printed in Japan
ISBN 978-4-7986-2524-9　C0076

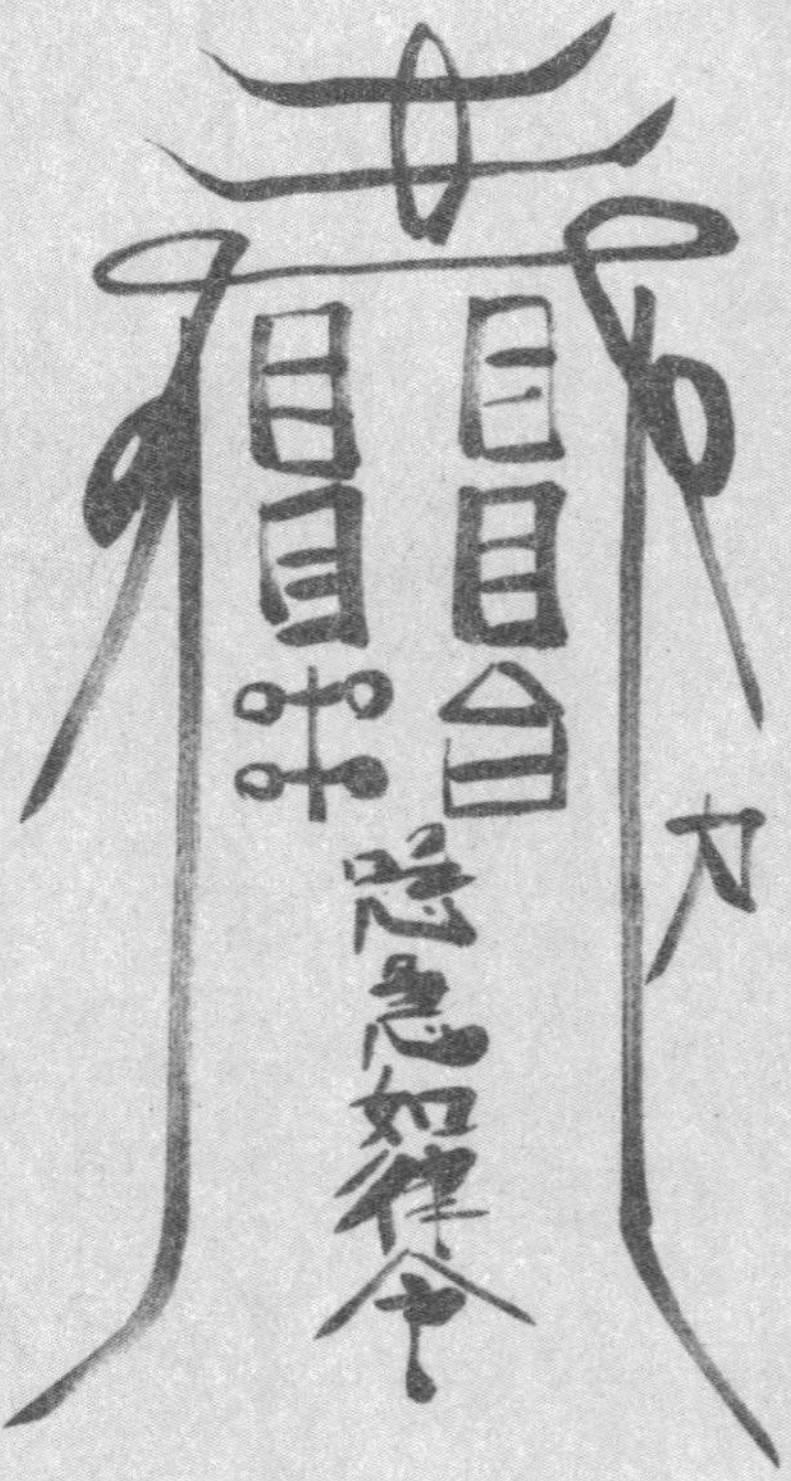
急急如律令